El Caníbal de Atizapán

El Caníbal de Atizapán

La historia del mayor asesino serial de México

JAVIER TEJADO DONDÉ

Grijalbo

El papel utilizado para la impresión de este libro ha sido fabricado a partir de madera procedente de bosques y plantaciones gestionadas con los más altos estándares ambientales, garantizando una explotación de los recursos sostenible con el medio ambiente y beneficiosa para las personas.

El Caníbal de Atizapán
La historia del mayor asesino serial de México

Primera edición: abril, 2025

D. R. © 2025, Javier Tejado Dondé

D. R. © 2025, derechos de edición mundiales en lengua castellana:
Penguin Random House Grupo Editorial, S. A. de C. V.
Blvd. Miguel de Cervantes Saavedra núm. 301, 1er piso,
colonia Granada, alcaldía Miguel Hidalgo, C. P. 11520,
Ciudad de México

penguinlibros.com

D. R. © Itzel Cruz, por el prólogo

Penguin Random House Grupo Editorial apoya la protección del *copyright*.
El *copyright* estimula la creatividad, defiende la diversidad en el ámbito de las ideas y el conocimiento, promueve la libre expresión y favorece una cultura viva. Gracias por comprar una edición autorizada de este libro y por respetar las leyes del Derecho de Autor y *copyright*. Al hacerlo está respaldando a los autores y permitiendo que PRHGE continúe publicando libros para todos los lectores.

Se reafirma y advierte que se encuentran reservados todos los derechos de autor y conexos sobre este libro y cualquiera de sus contenidos pertenecientes a PRHGE. Por lo que queda prohibido cualquier uso, reproducción, extracción, recopilación, procesamiento, transformación y/o explotación, sea total o parcial, ya en el pasado, ya en el presente o en el futuro, con fines de entrenamiento de cualquier clase de inteligencia artificial, minería de datos y textos, y en general, cualquier fin de desarrollo o comercialización de sistemas, herramientas o tecnologías de inteligencia artificial, incluyendo pero no limitado a la generación de obras derivadas o contenidos basados total o parcialmente en este libro y cualquiera de sus partes pertenecientes a PRHGE. Cualquier acto de los aquí descritos o cualquier otro similar, así como la distribución de ejemplares mediante alquiler o préstamo público, está sujeto a la celebración de una licencia. Realizar cualquiera de esas conductas sin licencia puede resultar en el ejercicio de acciones jurídicas.
Si necesita fotocopiar o escanear algún fragmento de esta obra diríjase a CeMPro
(Centro Mexicano de Protección y Fomento de los Derechos de Autor, https://cempro.org.mx).

ISBN: 978-607-385-781-9

Impreso en México – *Printed in Mexico*

Índice

Prólogo.. 9
Introducción.................................... 17

1. La última víctima 31
2. El documental 39
3. ¿Cómo actuaba?....................... 49
4. La entrevista a Bruno,
   el comandante destruido 55
5. La detención............................ 69
6. ¿Quién es El Caníbal? 73
7. El Caníbal en su comunidad............. 85
8. ¿Cómo lo hacía? 103
9. El juicio y la sentencia 129
10. Lanzamiento de la serie documental...... 141

Conclusión 151

Prólogo

Por Itzel Cruz,
PERIODISTA

Hablar de las víctimas de la violencia de género en México es adentrarnos a miles de historias donde permean las negligencias, la falta de empatía y la revictimización por parte de las autoridades.

Llegué al caso de Andrés Mendoza para narrar, por televisión, los hallazgos en su casa, en el municipio mexiquense de Atizapán de Zaragoza, donde en los últimos años se han puesto en marcha decenas de programas para prevenir la violencia contra las mujeres. La mayoría sin éxito.

A Andrés lo llaman "monstruo", "caníbal", "violentador", "asesino"; a grandes rasgos, es un feminicida que mató en la impunidad por años. Sin piedad. Sin miedo a ser descubierto porque en el fondo él sabía que la ausencia de sanciones permea. Lo supo desde que mató por primera vez y lo siguió haciendo en la cara de la justicia, nunca perseguido ni señalado.

Un hombre de la tercera edad que engañaba a sus víctimas mediante el altruismo. Nadie daba crédito a la historia de que ese anciano de más de 70 años, encorvado, desaliñado, sonriente y descarado ante la autoridad y la misma sociedad fuera el asesino de decenas de mujeres en nuestro país.

Durante la investigación entrevisté a vecinos, familiares de las víctimas, autoridades, y especialistas. Todos coinciden en que el acercamiento se daba cuando Mendoza ofrecía apoyos económicos y alimenticios a mujeres, hombres y niños. Les prometía trabajo, dinero y, a veces, hasta un techo. Le creían. Llegaban a su hogar, ubicado en la colonia Lomas de San Miguel, ingresaban y nunca más se les volvía a ver.

Lo descubrieron en mayo de 2021, cuando su última víctima desapareció. Los allegados a Reyna González identificaron que había visitado a este hombre. Cuando el esposo de la víctima, un policía, decidió romper algunos protocolos e ingresó a la casa, se descubrió una de las peores historias de crímenes en nuestro país. El mayor feminicida en serie en México comenzaba a resonar en los titulares de radio, prensa escrita y televisión.

PRÓLOGO

Dentro de la casa, el caos: un número incontable de peritos de la Fiscalía General de Justicia del Estado de México rompiendo paredes, indagando minuciosamente en cada uno de los rincones de esa casa abandonada, sucia, maloliente. Con palas y distintas herramientas removieron la tierra del patio, donde encontraron casi 5 mil restos óseos.

Afuera, policías de investigación cubrían, con lonas en las que se veían rostros y nombres de políticos, así como propaganda vieja, las inmediaciones de la casa para evitar que los periodistas documentáramos la situación.

Fueron días y noches de escuchar y captar historias de mujeres que un día salieron de su casa buscando sustento para sus hijos, mujeres que nunca más regresaron. El perfil: madres solteras, solitarias. Reyna salía de ese patrón, y justo ahí Andrés fue descubierto.

Una vez difundido el tema, al domicilio del feminicida llegaron mujeres y hombres indagando algún dato que los llevara a identificar a sus familiares desaparecidas. Algunas, desde hacía años; otras, desde hacía meses.

Llevaban consigo pancartas, fotografías, fichas de búsqueda; nos mostraban pruebas de que el detenido había sido la última persona que había visto a sus allegadas antes de que se perdiera su rastro.

La historia impactó aún más (terrible reconocer desde la trinchera periodística que hubo un momento de mayor conmoción, pues debió haber cimbrado a la sociedad desde que se supo que había matado a una mujer) cuando las autoridades dejaron entrever que el feminicida serial se comía a sus víctimas.

Se difundieron datos en los medios de comunicación sobre "los diarios de Andrés", en los cuales narraba el proceso para asesinar a sus víctimas e incluso anotaba las medidas y el peso de cada una de las partes desmembradas. Grababa. Localizaron en la vivienda casetes VHS, DISCOS y pertenencias de algunas de ellas. Muchas de las familias de las víctimas de Andrés, que conocimos a través de estas bitácoras, no han sido notificadas por las autoridades de lo encontrado y de su probable paradero.

Al paso de los años e interpretando el caso con la perspectiva de género y el respeto que merecen cada una de las víctimas y sus familias, comprendo lo innecesario que es difundir esta información que lastima y revictimiza; sin embargo, también no decirlo es restar importancia a los crímenes de este personaje. Aún falta mucho camino por recorrer para la difusión correcta en radio, televisión y periódicos de estos casos tan dolorosos y que delinean un enorme problema social y judicial. El camino también es largo para que cambie el actuar de las autoridades.

Luego, el testimonio de Andrés en las audiencias. La repetición, una y otra vez, de lo que les hacía a sus víctimas y por qué lo hacía. Un hombre lastimado desde niño por su familia que decidió matar mujeres. El mensaje difundido incesantemente, llegando a una sociedad cada vez más indolente.

Y entonces empezaron a ser mediáticas las historias de las familias que querían ser escuchadas. La más cercana para mí fue la de Rubicela Gallegos, una madre que salió a comprar comida para su hijo. Ella desapareció a los 32 años en el municipio de Tlalnepantla. Don Armando, su padre, me abrió las puertas de su casa para contarme el dolor que les dejó su desaparición.

Una de las identificaciones encontradas en la casa del feminicida fue la de Rubicela. Su rastro se perdió en la colonia San Javier. La familia, oriunda de Monterrey, Nuevo León, me contó que había llegado hasta el Estado de México con la intención de estudiar una segunda carrera. Se embarazó, tuvo un hijo, y dividía su tiempo entre su cuidado y su trabajo. Un día no se supo más de ella.

Entre los restos encontrados en la casa de Andrés localizaron "un pequeño hueso" que coincidió con el ADN de la joven. Eso fue lo que enterraron en un féretro en octubre de 2022. La familia la despidió entre llantos y preguntas que hasta el día de hoy siguen sin respuesta.

Dilcya Espinoza García de los Monteros, fiscal central para la atención de delitos vinculados a la violencia de género en el Estado de México, estuvo presente. A ella y a otras autoridades se les cuestionó sobre las sentencias de Andrés, que, hasta el cierre de este prólogo, suman ocho.

El hombre acumuló interminables sanciones económicas que no tiene con qué pagar, y, si pudiera hacerlo, ese dinero jamás podría reparar el daño infligido a las familias a las que les arrebató un integrante.

Este libro refleja omisiones, malas praxis y negligencias de las autoridades en el caso de Andrés Mendoza. Espero que cada una de sus páginas concientice a la sociedad para que paren los feminicidios, así como para que las autoridades atiendan con mayor prontitud las denuncias de violencia de género y desapariciones.

PRÓLOGO

En el Estado de México hay prisiones vitalicias para los feminicidas. Muchas de las víctimas colaterales dicen estar satisfechas porque Andrés no seguirá matando mujeres; otras dicen que nada les va a regresar a sus seres queridos y que una sentencia no reparará su dolor. Desde esta trinchera, les abrazamos el corazón. Justicia para cada una de las que ya no están aquí para alzar la voz.

Introducción

La afamada Galilea Montijo... ¿vegetariana?

El sábado 22 de mayo de 2021, me encontraba comiendo con dos estimados amigos: Galilea Montijo, una de las más afamadas conductoras de televisión y espectáculos en México, y su entonces marido, Fernando Reina. Él había pedido comida a su domicilio, ubicado en el poniente de la Ciudad de México. Cuando ésta llegó, Fernando se dispuso a romper los empaques y a calentarla en una parrilla en el jardín. De repente, Galilea, en voz fuerte, casi con un grito, le reclamó: "¡Pediste carne!".

El reclamo me sorprendió, primero, porque ella siempre era muy cuidadosa en las formas y, segundo, porque en más de una ocasión había ido a taquear y comer carne con ellos. Así que le pregunté: "¿Qué, ahora te volviste vegetariana?". Pensé que quizá había adoptado alguna dieta o modo de vida siguiendo alguna tendencia que rodeaba al mundo del espectáculo.

Galilea me volteó a ver con cara de incredulidad, algo enfadada, y me dijo: "¿Qué no te ha contado Fer lo que pasó en su trabajo?". Respondí que no. No sabía a qué se refería. En ese momento Fernando asintió con la cabeza, como dándole la razón, y se disculpó por haber ordenado carne. Yo seguía sin entender qué pasaba. Él se acercó a mí, arrimó una silla y me contó que en el municipio de Atizapán, en el Estado de México, donde él se desempeñaba como titular del área de tesorería y manejaba los recursos económicos, acababan de detener al asesino de una mujer de la que se habría comido partes de su cuerpo y, al parecer, había usado el cadáver en algún rito macabro de brujería, pues estaba desmembrado. El detenido, el feminicida, se llamaba Andrés Mendoza Celis, y su víctima, Reyna González Amador.

Fernando, aunque no estaba vinculado directamente en la investigación policial, conocía de ésta porque, como tesorero del municipio de Atizapán, era responsable del pago del equipo de iluminación y ma-

INTRODUCCIÓN

quinaria, así como de las horas extra de los bomberos y policías al frente del caso.

Ésa era la razón por la que Galilea, al imaginarse a un asesino comiendo partes del cuerpo de una mujer, había dejado de comer cualquier tipo de carne. Estaba asqueada. Ante ello, le ofrecí disculpas. Su marido preparó una ensalada y sacó algunos frutos del refrigerador. Ella no se comió la carne. Nosotros tampoco, en señal de solidaridad.

Luego de la comida, seguí platicando con su marido. Hice un par de llamadas, ya como periodista, a algunas autoridades el lunes siguiente. El martes 25 de mayo de 2021 publiqué lo que sabía del asesinato de la mujer en una columna en *El Universal*, uno de los periódicos más leídos de México, titulada "El comandante que atrapó al Caníbal de Atizapán".

La columna fue un éxito periodístico. Por lo general, mis publicaciones tenían entre 10 mil y 15 mil lecturas en el portal del periódico. No obstante, en tan sólo 24 horas, este texto y las primicias que contenía habían sido leídos por más de 137 mil personas (visitantes únicos), según las métricas del propio diario. Dicho alcance era destacadísimo incluso para los periodistas más leídos de este o de cualquier otro medio digital en México. Me quedó claro que había mucho interés por el tema, pero también un sinfín de dudas, por lo que decidí ampliar la investigación y escribir un libro al respecto. A continuación la columna, con la información que se disponía en aquel primer momento, apenas iniciando las investigaciones:

"El comandante que atrapó
al Caníbal de Atizapán"

Un mando de una de las policías municipales más relevantes en el Estado de México fue quien encontró y descubrió al Caníbal de Atizapán. Para evitar revictimizaciones, el nombre del elemento policiaco se reserva y nos referiremos a él como "el comandante". Ésta es la historia de quien, buscando a su esposa, encontró al que probablemente sea el mayor feminicida en la historia de México.

El 15 de mayo, el comandante tenía una noche sin saber de su esposa, Reyna "G", y había levantado un reporte "Odisea" para la búsqueda de personas desaparecidas. Sabía que las primeras horas eran clave para resolver la desaparición y encontrarla con vida. Así que, en lugar de esperar las indagatorias de la Fiscalía mexiquense, asumió las investigaciones como había visto que se hacía en las películas. Desde el iPad de la familia, detectó vía "Find my iPhone" los últimos registros del celular de su esposa; dándose cuenta de que la app marcaba una zona del municipio de Atizapán, pidió apoyo a la policía de esta demarcación. Cortando la burocracia, varios elementos policiacos, en compañía del comandante, escudriñaron horas de videos del C4 para cruzar la ubicación de la app con videos e intentar dar con el paradero de la víctima. Tuvieron éxito. A las tres horas de iniciar la búsqueda, localizaron, en video, a la pareja del comandante y, para su sorpresa, ella avanzaba en una ruta que parecía llevarla a la casa de Andrés Mendoza, un amigo de la pareja que les ayudaba a comprar accesorios para teléfonos móviles.

Sin embargo, las cámaras no registraron los últimos siete minutos del recorrido antes de llegar a la casa ubicada en la Colonia Lomas de San Miguel, por lo que decidieron acudir a esa dirección y preguntar sobre su paradero.

Una vez que arribaron, fueron recibidos por dos personas, quienes dijeron ser inquilinos. Éstos condujeron a los policías al interior del predio con el propietario, el Sr. Mendoza, quien amenazó, a los policías, con cesarlos si no dejaban de "molestarlo", debido a su relación con quien les dijo que sería el siguiente alcalde de Atizapán, el panista Pedro Rodríguez, del cual había una manta con propaganda en la parte superior de la vivienda.

Por cierto, Rodríguez ya había sido alcalde de esta demarcación (2013-2015) y, bajo su administración, se nombró al que hoy sabemos canibalizaba a sus víctimas como "presidente del Consejo de Participación Ciudadana San Miguel", cargo con el que continuó hasta 2016 bajo la administración, también panista, de Ana Laura Balderas, y con el cual atrajo a mujeres que solicitaban su apoyo, para luego convertirse en víctimas.

Dado que iban acompañados por el comandante, los policías no se intimidaron y siguieron indagando, poniendo nervioso al propietario. En un giro sorpresivo, Andrés corrió hacia el interior del predio y trató de cerrar una puerta. Los policías lograron entrar a empujones y descubrieron "muerta y desmembrada" a la desaparecida, por lo que pidieron apoyo a más unidades. Lo que encontraron en ese momento fue grotesco e indescriptible.

Ya en la patrulla, Andrés, quien hoy sabemos que era un feminicida/caníbal, contó que los homicidios

INTRODUCCIÓN

eran parte de un rito de santería. También que éstos iniciaron en los 90. En la casa del hoy detenido hay registro de haber matado, por lo menos, a 31 mujeres, y la lista sigue creciendo. Hasta en las macetas del exterior encontraron tierra con cal para disimular olores, y eso que falta revisar un par de predios en donde vivió anteriormente.

El Caníbal, cuyo oficio en una época en su vida fue ser carnicero, tenía una lista detallada de muchas de sus víctimas. En esos listados se describía la fecha en que las mató, su peso global y por partes del cuerpo, entre otros datos escalofriantes.

Luego de 27 años de asesinatos, un comandante, en solitario, logró descubrir un horror. Muchos tuvieron enfrente al Caníbal, pero hoy sabemos que nadie investigó nada, pues las desaparecidas eran mujeres de escasos recursos. Hasta que le tocó a uno de ellos.

Regresé con las métricas del artículo con Fernando; le conté mi idea del libro y le pedí ayuda y acceso a más información directamente con los policías y bomberos involucrados en el caso.

Decidimos documentar esa brutal práctica sistemática de asesinar a mujeres en Atizapán y hacer público lo que se estaba encontrando para, por un lado, buscar justicia para las familias de esas mujeres y, por el otro, evidenciar las negligencias, abandono o complicidades que habían llevado a la muerte a tantas mujeres en ese lugar. Seguí buscando información y empezamos a encontrar videos, mucho de lo sucedido estaba grabado. Quedé estupefacto.

El equipo involucrado en la investigación

En la mayor parte del mundo el asesinato de una mujer es denominado, al igual que el de un hombre, homicidio. Pero en México y el resto de América Latina, a raíz de una resolución de la Comisión Interamericana de Derechos Humanos (CIDH), el término que se utiliza es el de *feminicidio*, cuando la privación de la vida se da por razones de género. Es la forma más extrema de violencia contra las mujeres. Por esos días el promedio de feminicidios diarios en México rondaba entre 10 y 11. Una cifra a todas luces alarmante e inaceptable.

En el caso del feminicida de Atizapán, había varias pistas que seguir y personas que entrevistar, así que decidí formar un equipo para las tareas de investigación. No teníamos presupuesto, pero sí muchas ganas y coraje de ayudar a desentrañar el caso.

Recurrí a colaboradores con quienes trabajaba en Televisa. Ya todos conocían los antecedentes del caso, dado el artículo que había escrito y algunas notas que habían salido en los medios de comunicación. Se nos hacía inentendible cómo, a pocos kilómetros de la Ciudad de México, un hombre hubiera asesinado a una mujer para luego comérsela en lo que parecía ser un ritual de brujería o, incluso —algunos sugirieron—, algún tipo de práctica prehispánica, como las que los aztecas realizaban hace más de 500 años, y que se había mantenido soterrada.

Con todo tipo de incógnitas, pero, sobre todo, mucho arrojo, principalmente las mujeres de mi equipo decidieron sumarse a la investigación. Todas y todos, sin ningún pago de por medio, formamos un grupo multidisciplinario, aunque ninguno de nosotros tenía experiencia en investigaciones criminales o forenses, mucho menos tratándose de un feminicida serial.

Así, el equipo fue conformado por Ana Teresa Villa, periodista y directora de comunicación de Televisa; Ana Barreda, jefa de prensa del Club América; Karla Aguilar, directora de comunicación de izzi y Sky; Alejandra

Martínez y Ana Paula Becerril, diseñadoras multimedia de Televisa; Dora A. Martínez, abogada externa de asuntos electorales y con amplia experiencia en temas de derechos humamos; Wendolin Toledo, exlegisladora federal y experta en temas de comunicación; además de Juan Manuel Torres, director de operaciones digitales, y Gabriela Warkentin, conductora estelar del noticiero matutino de la cadena de radio W México y columnista del periódico *Reforma*, siempre comprometida con las causas de género.

El plan era dar a conocer el tema mediante una serie documental, a efecto de inhibir otros feminicidios y asegurar justicia para Reyna, la última víctima de Andrés. Sin embargo, en el contexto de las muchas limitaciones y medidas restrictivas por la pandemia de covid-19, pensar en desarrollar una producción audiovisual a partir de nuestra investigación era mucho más complicado que en una circunstancia de normalidad, además de que se requerían muchos recursos para su realización. Fue entonces que decidimos buscar y hacer sinergias con quienes públicamente impulsaban, con fuerza, una agenda de paridad de género.

En ese entonces, cuando Reyna desapareció, el presidente de la Suprema Corte de Justicia de la Nación

INTRODUCCIÓN

era el ministro Arturo Zaldívar, un servidor público impulsor de los temas de género: igualdad laboral, políticas de acción afirmativa con perspectiva de género y derecho de las mujeres a decidir sobre sus cuerpos (interrupción legal del embarazo), entre otros.

Lo conocía y fui a buscarlo para ver si se podía involucrar en el proyecto. Necesitábamos alguna institución que financiara la investigación y la serie documental, y qué mejor que fuera la Corte, pues ello además nos podría dar acceso a la información de las carpetas oficiales y del juicio en curso.

En la reunión con el ministro presidente coincidimos en que no había mayor y más importante derecho para las mujeres que el de su propia vida. Con absoluta determinación e indignado con lo acontecido, decidió apoyarnos.

Le mostramos que en las últimas décadas, en varios países, obras audiovisuales de diversos temas habían sido impulsadas y apoyadas por instancias de gobierno para hacer llamados a la sociedad y dirigir su atención a problemas de urgente cambio y necesaria resolución. *El extensionista* (México, 1991), sobre el conflicto del reparto agrario; *Fish Tank* (Reino Unido, 2009), sobre la violencia juvenil; *La jauría* (Chile, 2020), sobre las agresiones sexuales contra mujeres; y *Roma* (México, 2018), sobre los derechos de las trabajadoras domésticas, son algunos ejemplos.

Desde la Corte se sumaron otras personas para apoyarnos con la documentación y generar las citas con las autoridades que llevaban el caso: Alejandra Spitalier, secretaria general de la Corte; Fabiana Estrada, coordinadora general de asesores; Carlos Castaños, secretario particular del ministro presidente, y Carlos Alpízar, secretario del Consejo de la Judicatura Federal.

Al igual que en nuestro caso, los funcionarios del Poder Judicial Federal, una vez que se enteraron del caso decidieron ayudarnos desinteresadamente. El objetivo compartido era buscar justicia para Reyna y su familia, es decir, que se obtuviera una sentencia ejemplar contra el feminicida. Pero además de esto pensábamos que visibilizar el caso sería un llamado a una mayor sensibilidad social para mejorar las condiciones de seguridad de las mujeres (prevención); y que en casos de feminicidio, además hubiera una pronta y diligente investigación (reacción).

Esto fue un tema que nos comprometió a todos. Por eso todos los investigadores acordamos trabajar sin compensación económica. Pensar en ganar dinero, aunque fuera un peso, se nos hacía inmoral. Ante ello, se firmó un convenio de colaboración en el que acordamos que nosotros haríamos la investigación, sin pago de por medio; incluso en dicho convenio se pactó que mis derechos autorales serían cedidos a la Suprema Corte para darle viabilidad y gratuidad al trabajo periodístico. La Corte, por su parte, financiaría la producción audiovisual y nos ayudaría a obtener información del caso.

Semanas más tarde, y tras un concurso público, se contrató a la productora Plétora Producciones, encabezada entonces por Francisco Casasús, un connotado productor, la cual sumó a expertos en producción audiovisual como Rafael Cuadros y Grau Serra, por mencionar algunos. Todos ellos trabajaron incansablemente durante meses, en la realización del proyecto audiovisual (que con más información se convertiría en este libro) y además nos ayudaron en la investigación periodística del caso de Reyna. Asimismo, la ayuda que para este libro recibimos de Manuel Badía, quien se quedó al frente de la productora, y de su hermano Daniel Badía, CEO de N+, fue invaluable.

Ésta es la historia completa detrás del Caníbal de Atizapán, el mayor asesino serial de México y quizá del mundo.

1

La última víctima

La señora Reyna González Amador venía de una amplia y unida familia. Tenía 34 años al momento de su desaparición. El 14 de mayo de 2021 estaba a dos días de su cumpleaños. La ficha elaborada por la policía para buscarla, denominada "Odisea", la describía como una mujer de 1.55 metros de estatura, complexión mediana y cabello castaño oscuro.

Estaba casada desde hacía cuatro años con Bruno Ángel Portillo Fernández, policía de carrera y comandante de las fuerzas especiales del municipio de Tlalnepantla de Baz, cercano al municipio de Atizapán, ambos en el Estado de México y a pocos kilómetros de la Ciudad de México.

Reyna y Bruno tenían dos hijas, de cuatro y ocho años de edad, al momento del suceso. Para apoyar el ingreso familiar, Reyna tenía un local comercial ubicado en la calle Loma Huizache, colonia San Juan Ixtacala Plano Norte, en Atizapán, en el que vendía equipos de telefonía móvil, recargas y accesorios.

El día que desapareció empezó, como era su costumbre, llevando a sus hijas a la escuela. Luego iría a ver cuestiones de su local comercial.

Según el reporte "Odisea" (ficha oficial levantada por su marido tras su desaparición), Reyna iba vestida "con sandalias de baño de plástico azul, pantalón negro con vivos fucsia y blusa negra con vivos fucsia". Ésa fue la descripción que Bruno dio a la policía, pese a que en realidad no sabía cómo iba vestida, pues había salido a su turno policiaco horas antes de que su esposa y las niñas dejaran la casa rumbo a la escuela. Sin embargo, si no daba alguna descripción, incluida la ropa, no era posible levantar la ficha correspondiente para iniciar su búsqueda.

La odisea de Bruno

La noche del 14 de mayo de 2021, tras concluir su jornada laboral, Bruno llegó a casa y llamó a su esposa para pedirle que abriera el garaje. Al no tener ninguna respuesta, subió al departamento donde vivían por la puerta de la calle. Encontró la vivienda casi a oscuras y a sus hijas en el cuarto. Las niñas habían sido llevadas de la escuela al domicilio por una persona que las recogía regularmente, en lo que Reyna trabajaba fuera del hogar. Que la casa estuviera a oscura, las niñas solas y que Bruno no hubiera podido hacer contacto telefónico con Reyna desde horas atrás era una situación completamente inusual. Ante ello, Bruno comenzó a llamar frenéticamente al celular de Reyna, sin respuesta alguna. Pensó que podría haber tenido un accidente, por lo que subió a las niñas al coche y empezó a recorrer los hospitales de la zona, sin encontrar rastros de su esposa.

Dados los altos índices de delitos contra mujeres en esa zona, Bruno temía que Reyna hubiera sido secuestrada. Encargó a las niñas con un familiar y, junto con su cuñada y su concuño, decidió ir a la central de policía de Atizapán, conocida como C-4, que también era el centro de videovigilancia de la zona. Esperaban encontrar algún video en las cámaras de seguridad que ayudara a dar con su paradero.

Y es que Bruno, al ser policía, sabía que las primeras horas eran vitales para encontrar a su esposa con vida. Así inició la investigación como él había sido entrenado. Desde el iPad de la familia, detectó, vía la aplicación "Find my iPhone", que el último registro del celular de su esposa (su geolocalización) era en la avenida Cerezos. Una vez en el C-4, los policías de esa área, al verlo tan afligido, le dieron acceso al registro de la cámara que cubría la avenida y se dispusieron a ver el video, en velocidad rápida, hasta que, tres horas después de iniciada la revisión, detectaron a Reyna pasando frente a una farmacia. Iba vestida diferente a como se había levantado el reporte "Odisea": llevaba jeans y chamarra azules, y un bolso color café, accesorio que sería un elemento clave en la investigación. Esto fue todo lo que se pudo detectar desde las cámaras del C-4. Bruno y los familiares de Reyna que lo acompañaban se trasladaron al punto ubicado en el video para continuar la búsqueda.

Ahí, cerca de la farmacia, preguntaron y buscaron cámaras adicionales en casas o negocios de la zona. El dependiente de una tienda de conveniencia situada a una cuadra de la cámara del C-4 les permitió revisar sus videos. La búsqueda fue más rápida, pues ya sabían la hora del día y dirección en que ella había pasado por ahí. En cuestión de minutos de revisión, Reyna volvió a aparecer trasladándose rumbo al noreste. Bruno identificó que probablemente se dirigía a la casa de una persona que le proveía productos para su local comercial: Andrés Mendoza Celis, quien vivía a siete minutos caminando de allí. De inmediato se dirigieron a su domicilio.

La casa del Caníbal

La propiedad era una vecindad ubicada en la calle de Margaritas 22, colonia San Miguel, en Atizapán. Una vez ahí, Bruno, su cuñada y su concuño tocaron la puerta. Les abrió Andrés Mendoza (aunque algunos reportes refieren que quien les abrió fue Juan José Mejía Ramírez, uno de sus inquilinos).

Andrés abrió la puerta apenas unos centímetros y ellos le preguntaron por Reyna. Él aseguró no haberla visto. Pidieron entrar, a lo que, luego de varias insistencias, accedió solicitándoles unos minutos para "vestirse".

Una vez que Bruno y sus familiares entraron a la vivienda, percibieron un olor extraño. También se dieron cuenta de que Andrés había apagado la luz (o había quitado la pastilla de los fusibles), por lo que tuvieron que prender las lámparas de sus celulares para poder revisar el lugar. La casa constaba de tres cuartos, dentro de los cuales hicieron una cuidadosa revisión. Llamaron a Reyna, pero no hubo respuesta.

Al entrar a la habitación de Andrés, Bruno notó que, entre algunas láminas de madera, debajo de la cama, se observaba una luz que traspasaba el piso. Sospechó que ahí abajo había algo.

Bruno le pidió a su concuño detener a Andrés para poder mover los muebles y las tablas que simulaban el piso, lo que lo llevó a encontrar una escalera de madera que dirigía a una especie de sótano. Antes de bajar, llamó a su jefe en la estación de policía, en Tlalnepantla, para pedir refuerzos de sus compañeros, para que lo auxiliaran y dieran protección en caso de que los vecinos quisieran evitar la detención de Andrés. Al bajar algunos escalones, se percató de que había un cuerpo destazado.

El horror de lo que Bruno iba descubriendo quedó grabado en un video y en una llamada que tuvo con su jefe que se encontraba en el centro de mando:

—Está destazada.

—No le entiendo, comando.

—Sí, está destazada, jefe.

—¡No manches!

—O no sé qué pedo, pero aquí hay algo... Sí, jefe, sí es... sí es, jefe. Afirma, es una mano humana. A huevo, es ella. Es mi mujer...

—Comando...

—¿Eh? Aquí está su bolso, es mi esposa, ¡es mi esposa, jefe! Aquí está, aquí están sus pies.

—Comando, comando. Necesito que te relajes, ya va para allá el grupo de las motos.

El cuerpo de la mujer estaba descuartizado. Sus órganos yacían en botes grandes de pintura. Su cara y cuero cabelludo habían sido desprendidos a la perfección, en lo que parecía una máscara siniestra. Había mucha de su piel y carne removidas con precisión y puestas a "secar" sobre unos cordeles, en el sótano. En una mesa de plástico estaba tendido el cuerpo sin piel. La había descarnado minuciosamente. Bruno sólo pudo reconocer que era su esposa por el bolso café que había visto que portaba, cruzado en el pecho, en los videos que recuperó del recorrido de Reyna.

2

El documental

La historia oficial contada por la fiscal del caso

Para iniciar los trabajos y las investigaciones en torno al feminicidio de Reyna, el presidente de la Corte organizó un desayuno en sus instalaciones centrales con la fiscal principal del caso, Dilcya Samantha García Espinoza. La funcionaria responsable de investigar los delitos de violencia de género en el Estado de México no era la típica servidora pública que se veía en las policías y procuradurías del país.

Dilcya era una mujer muy preparada con una amplia experiencia en temas de seguridad y políticas públicas. Ya había trabajado en la Secretaría de Gobernación, en la Procuraduría General de la República y, a menudo, participaba como ponente en foros internacionales. Su currículum era impecable.

En el desayuno, la fiscal nos dio información aparentemente relevante: que Reyna era la amante de Andrés. De acuerdo con las investigaciones realizadas hasta ese momento, Reyna era maltratada por su marido, Bruno, y había buscado consuelo y apoyo en un hombre 38 años mayor. Añadió que la relación tenía dos o tres años de haber iniciado, pero que Reyna quiso terminarla, motivo por el cual Andrés se molestó y le quitó la vida.

Nos dijo que la Fiscalía tenía la declaración formal de la testigo Consuelo Mondragón Téllez, que daba cuenta del amasiato. Ella vivía en un cuarto dentro de la vecindad que había construido Andrés y por el cual le pagaba 900 pesos de renta al mes. La fiscal también comentó que un par de médicos que le rentaban un local comercial afuera de la vecindad habían declarado lo mismo.

Esta relación amorosa entre víctima y victimario, a juicio de Dilcya, era lo que permitía tipificar legalmente el crimen como feminicidio. En el Estado de México uno de los supuestos para que un asesinato sea considerado como feminicidio es que "haya existido entre el activo (asesino) y la víctima una relación sentimental". Justo lo que la fiscal nos había comentado. Adicionalmente, la fiscal nos aseguró que no había nada de brujería ni actos grotescos.

Dilcya se mostraba con una gran vocación al hacer su trabajo con empatía hacia las víctimas. Incluso en una entrevista nos declaró: "Creo que esto, más que un trabajo, representa una misión, en donde cada una de mis compañeras y compañeros del equipo de la Fiscalía General de Justicia de verdad lo hace con convicción, con amor y compromiso. Es muy importante que trabajemos en nuestra fortaleza emocional, física y espiritual para poder dar al otro día lo mejor para uno, pero, sobre todo, lo mejor para las víctimas".

La fiscal nos generó inicialmente una gran confianza. Parecía que la investigación judicial del caso no podía estar en "mejores manos".

Con la información disponible hasta ese momento, para el documental, pensamos que tendríamos una narrativa simple: Dilcya sería la protagonista, una fiscal ejemplar y decidida a dar justicia. Y Andrés, el antagónico, un asesino frío y despiadado. Esto ayudaría a centrar y sintetizar el mensaje del documental para prevenir la violencia de género y los feminicidios.

Pedimos a la fiscal entrevistarnos con los policías, bomberos y personal de la Fiscalía que conocieron el caso para que nos detallaran, en video, lo sucedido. Ella accedió con dos condiciones: la primera sería que no buscáramos a los familiares de las víctimas, pues habían pasado ya por mucho, y entrevistarlos, nos dijo, sería revictimizarlos; y, la segunda, que la dejáramos revisar el guion de la serie antes de filmarla.

Accedimos a su primera petición. Tenía sentido desde el lado humano no generar dolor adicional a los involucrados en el caso. Desde el punto de vista argumental, parecía que la Fiscalía ya tenía todo claro. En cuanto a la segunda condición, revisar el guion de la serie, no aceptamos, pues, por tratarse de un tema periodístico, ella podría tratar de realizar algún tipo de censura oficial. Sin embargo, le dijimos que la mantendríamos al tanto de los avances. Estuvo de acuerdo.

También le preguntamos cuándo sería el juicio, pues un documental patrocinado por la Corte no podía exhibir como culpable a alguien que no hubiera recibido una condena formalmente. Nos adelantó que eso sucedería en un par de meses.

Con ese acuerdo de palabra, una semana después de nuestro encuentro con Dilcya, resolvimos dar inicio a las entrevistas con los servidores que conocían el caso: policías y bomberos. Éstas se llevarían a cabo en el

Teatro Zaragoza, en Atizapán, propiedad del municipio. Ahí, Fernando Reina, el tesorero del ayuntamiento, nos había sugerido hablar con los elementos que habían acudido al domicilio donde Reyna había sido encontrada muerta. Se trataba de entrevistar a los primeros respondientes y a los que habían hecho las primeras investigaciones en la casa de Andrés.

Tendríamos aproximadamente tres semanas para hacer las entrevistas y documentar lo encontrado. Cuatro o cinco semanas de posproducción y, luego del veredicto del juicio, podríamos transmitir la serie documental en algún canal de televisión.

Así fue como se cerró un acuerdo de plazos entre la Fiscalía, la Corte y el equipo de investigación periodística. Todo pintaba bien y en dos meses tendríamos un documental para concientizar sobre los feminicidios en México y una condena, idealmente ejemplar.

El Teatro Zaragoza

Conforme a lo acordado con la fiscal Dilcya, con la producción y con el equipo de investigación, nos dimos cita en el Teatro Zaragoza a las 9:00 a. m. del 26 de octubre de 2021. En su interior se montó todo para entrevistar a los policías y bomberos que habían estado en el domicilio de Andrés. En el estacionamiento del teatro se instaló una cocina móvil para la producción. Las grabaciones con aproximadamente 30 servidores públicos durarían dos días. Teníamos, pues, un auténtico set para comenzar con el documental y la investigación.

Los primeros en llegar al teatro fueron alrededor de 10 bomberos, encabezados por su capitán, Jonathan González, y 12 policías del municipio. Comenzamos entrevistando a Jonathan; nos pareció curioso que a una batería de preguntas contestó de manera casi monosilábica, sin entrar en detalle de casi nada. Ante sus escasas y cortas respuestas, pensamos que quizá no había estado involucrado en la exploración del domicilio. Continuamos con los demás policías y bomberos, pero, para nuestra sorpresa, sucedió lo mismo. Nadie nos decía nada.

Estábamos frustrados. Así, sin información de primera mano, no habría forma de tejer ninguna investigación para la serie.

Una vez fuera de cámaras, no obstante, nos contaron que el caso era tremendo, pero que habían recibido amenazas de la delegada de la Fiscalía de Justicia en

Atizapán. También nos confiaron que desde las más altas instancias del gobierno del Estado de México no querían que se contara nada del tema de Andrés y su víctima.

Nos enteramos de que la amenaza consistía en que, si difundían cualquier pormenor del caso y colaboraban con el documental, serían procesados penalmente por poner en riesgo la investigación y terminarían en la cárcel.

A raíz de esto, decidimos parar las entrevistas y hablamos con la Suprema Corte para informar que el documental estaba en riesgo. También contacté a Fernando Reina, quien días atrás me había contado parte de lo que le habían reportado los policías y bomberos del municipio. Le expliqué que a nosotros no nos habían revelado nada frente a las cámaras. Fernando no sabía qué pasaba, pero se trasladó de inmediato al teatro.

Una vez que llegó, nos sentamos en las mesas instaladas por la producción al lado de una estación de comida para los entrevistados y el *staff*. Sin embargo, ni la presencia de Fernando, quien pagaba a los policías y bomberos, logró persuadirlos para que aportaran más detalles sobre el caso. El miedo de ir a la cárcel era fundado.

Nos comunicamos con la Corte para expresar nuestra confusión. Pensábamos que teníamos un acuerdo con la Fiscalía, pero claramente ése no era el caso. Dilcya nos había dicho una cosa y finalmente hizo otra. Desde la Corte la buscaron, no la localizaron. Ante la falta de resultados, las grabaciones concluyeron súbitamente. Aquí fue cuando todos —la Corte, la producción y los investigadores— empezamos a preguntarnos qué se estaba ocultando.

¿Qué se oculta?

Para avanzar en la búsqueda de información clave para el documental, así como para evitar repercusiones legales y presiones para los funcionarios públicos que queríamos entrevistar —incluida la amenaza de cárcel—, durante los siguientes días desde la Corte se hicieron varias llamadas. En particular, se llamó al presidente del Tribunal Superior de Justicia del Estado de México, Ricardo Sodi. Éste se convertiría en un personaje clave para obtener información relevante para la elaboración del documental y la búsqueda de justicia.

También se habló con el fiscal general del Estado de México, Alejandro Gómez Sánchez, un funcionario de probada honestidad, quien renunciaría meses después al cargo ante el avance del crimen organizado en la entidad y la falta de apoyos federales para combatirlo.

Con estas gestiones, desde la Corte con las autoridades del Estado de México, pensamos que en algo podríamos avanzar, pero había que buscar detenidamente lo que se estaba tratando de esconder.

No sabíamos desde qué oficina en concreto venía la instrucción de ocultar la información y censurar las entrevistas con los primeros respondientes involucrados. Los obstáculos puestos sólo alimentaban más nuestra curiosidad e indignación por lo que había detrás del caso.

Luego de dos semanas, tras muchas gestiones y cabildeos, regresamos al Teatro Zaragoza para concretar nuestras primeras entrevistas con policías y bomberos. Esperábamos por fin obtener respuestas. Tuvimos más de lo que esperábamos y nos dimos cuenta de las razones por las que no querían las autoridades que este caso se conociera y se expusiera mediáticamente.

3

¿Cómo actuaba?

Una casa construida con huesos humanos

A lo largo de dos días realizamos entrevistas a policías y bomberos de Atizapán. A diferencia de la primera vez, ahora todos los entrevistados contestaron con detalle nuestras preguntas.

Aun sabiendo que lo que nos relatarían sería escalofriante, nos sorprendió lo que descubrimos, pues superaba cualquier película de terror.

En particular, nos impactó lo que nos dijo Jonathan González, el capitán de bomberos más joven de todo el país, de apenas 26 años. Durante la entrevista no dejaba de temblarle una pierna, tenía un tic nervioso. Nos contó que la temblorina era una manifestación del "trastorno de estrés postraumático" que estaba experimentando a raíz de lo que vio y vivió en la calle Margaritas, ubicación de la casa de Andrés.

Recordó que en la estación de bomberos de Atizapán recibieron la instrucción de acudir a un domicilio para realizar un servicio. Esto pasó tres días después de que habían detenido a Andrés. Jonathan no sabía exactamente a lo que iban; les habían pedido a él y a sus compañeros que empacaran material para excavar: "El lunes 17 de mayo, lo recuerdo muy bien, con una orden me dijeron que preparáramos gente para ir a apoyar a agentes de la Fiscalía. El trabajo que realizamos en conjunto siempre es el retiro o la extracción de algún cuerpo. Lo extraño es que nos dijeron, haciendo hincapié, que nos lleváramos palas, picos y carretillas. Lo tomamos muy normal. Son servicios no comunes pero que atendemos".

Al llegar a la casa había mucha suciedad. Encontraron muebles manchados de sangre y otros fluidos, incluyendo los sillones y la cama; un refrigerador con restos humanos guardados, un recipiente con órganos humanos —posiblemente riñones—, tazas con sangre y pedazos de carne en sartenes, cuchillos y machetes.

Jonathan continuó: "Ingresamos por el zaguán azul [de la casa en la calle de Margaritas], que era la entrada principal. Se sentía un ambiente bastante pesado y con un aroma muy penetrante. Olía como a sangre, a carne y muchísimo a vinagre… En unas esquinas te encontrabas muchos zapatos, zapatillas, ropa de mujer. Otra esquina de su casa tenía bolsas, maquillaje, artículos para secar el cabello, fotografías de mujeres, infinidad de cubrebocas, diademas, peines. O sea, literal, era una escena cruel y de terror. Inclusive tenía juguetes, ropa pequeña, ropa de mujer, zapatos, cinturones… Se encontraron como 30 fotografías de mujeres entre las maderas. Había mujeres desnudas, mujeres con ropa, mujeres mutiladas".

Mientras Jonathan nos relataba lo vivido, el temblor en su pierna aumentaba. Por primera vez supimos que habían descubierto sangre y fotos de mujeres —vivas y muertas— en varios lados de la casa. Cuando recordaba el aroma impregnado en aquel lugar, la cara se le descomponía. Andrés, nos dijo, usaba el vinagre y perfume para disimular el olor a sangre y a restos humanos.

El capitán explicó que toda la casa era una fosa clandestina. Había sangre y restos humanos en la cocina, en el refrigerador y en el cuarto de Andrés. Pero el olor más penetrante provenía del sótano, ese cuarto escondido debajo de la recámara.

En la escena del crimen también se localizaron varias libretas en las que Mendoza mantenía registros de sus víctimas. Éstas contaban todos los detalles de las mujeres que asesinó: nombres completos, edad, día y hora de muerte, incluso, el peso de las distintas partes en las que cortaba sus cuerpos. Una sola de las libretas —que era también un álbum fotográfico— contenía datos de 54 mujeres. Tiempo después conoceríamos este horripilante álbum.

Jonathan relató que apenas los bomberos abrían algún hueco en el piso de la casa, encontraban huesos acumulados. La búsqueda tenía que ser muy cuidadosa para no dañar las osamentas. Jonathan aseguró que tan sólo en un día podían encontrar hasta 500 o 600 restos óseos. Narró que, además de cientos, miles, de restos debajo del piso, la casa estaba enteramente construida con huesos humanos. Había en el sótano, en los cimientos, en las columnas del baño, en el patio y hasta en las jardineras que estaban en la banqueta de la calle. Por todos lados se encontraban huesos. Algunos quemados, otros con cal o sal para disimular su olor. Todo lo que se descubría en la casa eran huesos. Huesos humanos. ¡Quedamos horrorizados!

¿Imitador de Hannibal Lecter?

Más adelante, en su entrevista, Jonathan señaló que en la propiedad también se hallaron libros de anatomía y varias películas de Hannibal Lecter, tales como *El silencio de los inocentes*, cuyo personaje central, interpretado por Anthony Hopkins, era justamente el Dr. Lecter. El joven bombero incluso nos dijo haber visto una máscara estilo bozal, que emulaba las usadas por el personaje de la cinta de 1991, así como medicamentos y envases con formol.

En el sótano —donde se había encontrado el cuerpo desmembrado de Reyna y la piel de su rostro descarnada, a manera de máscara—, describió Jonathan, había una mesa que el homicida usaba como "plancha de operaciones", con rastros de sangre, pedazos de piel colgando en tendederos, dedos y otros restos humanos, así como una cubeta con —presumiblemente— vísceras y grasa de su última víctima.

Había, asimismo, un pedestal de madera en el cual Andrés montaba una cámara de video para grabar lo que ahí acontecía; se encontraron esas grabaciones. "Él reproducía videos en donde [aparecía llevando a cabo] los asesinatos o las mutilaciones de las personas en la parte de un sótano… Hizo como un pedestalito, no sé, de madera, en donde ponía la cámara y se grababa. Tenía los casetes grandes con fotografías de mujeres. Cada casete era un video de esa persona".

Nos costaba trabajo procesar lo que el capitán de bomberos reseñaba. Aunque él era quien nos narraba con mayor detalle lo que habían encontrado, otros policías y bomberos lo confirmaron.

Andrés no había asesinado sólo a una mujer. Había evidencias que apuntaban a muchas otras víctimas mujeres. Además de matarlas, videograbababa lo que les hacía, y todo indicaba que se las comía en algún tipo de ritual en el que se disfrazaba de Hannibal Lecter.

Necesitábamos documentar, reunir evidencia de todo lo que nos habían dicho. No lo podíamos creer. Algo tan fuerte no podía aparecer en un documental tan sólo a través de las declaraciones de los policías y bomberos. Nadie tenía idea de los alcances y conductas de Andrés, y ahora entendíamos por qué la Fiscalía había querido esconder la información: era un asesino serial de mujeres que imitaba al personaje Hannibal Lecter.

4

La entrevista a Bruno, el comandante destruido

El esposo de Reyna, Bruno Ángel Portillo, tenía un currículo profesional impresionante. Bruno ostentaba el rango de comandante y era el jefe de las fuerzas especiales de Tlalnepantla. Había ganado reconocimientos desde 2019 como "policía modelo" y había sido capacitado en el Diplomado de Mando de la Secretaría de Gobernación y el Sistema Nacional de Seguridad Pública Federal. Su preparación era vasta como policía de proximidad, y luego como mando facultado para hacer investigaciones y desarrollar acciones tácticas.

Cuando lo contactamos, vía telefónica, le dijimos que estábamos haciendo un documental con apoyo de la Corte sobre el feminicidio de su esposa. La prevención era el objetivo. Al preguntarle si lo podíamos entrevistar, Bruno fue cauteloso. Pidió que le enviáramos un oficio para solicitar la autorización de sus superiores y que lo buscáramos al día siguiente. También nos dijo que lo discutiría con su familia.

Tal como se acordó, lo buscamos. Nos dijo que sí acudiría a la Corte, pero que no nos daría ninguna entrevista frente a la cámara. No nos importó esa primera reacción; lo que nos interesaba era conocer los detalles del caso, sobre todo lo que había sucedido al interior de la casa de Andrés, debido a que había muchas contradicciones entre el expediente y lo declarado por la policía y los bomberos para el documental. Poner en el documental algo inexacto o errado podría dar elementos para que, por algún tecnicismo legal, Andrés pudiera quedar en libertad. Por ello la importancia de conocer de primera mano la versión de Bruno.

Tanto el presidente de la Suprema Corte como yo esperamos al comandante Bruno. Cuando no llegó a la hora acordada, pensamos que quizá se había arrepentido. Sin embargo, apareció 30 minutos más tarde.

A primera vista, su aspecto nos causó sorpresa y confusión. Era un hombre joven, fornido y de buena apariencia. En ese entonces tenía 42 años. No entendíamos por qué su esposa habría accedido a sostener una relación amorosa con Andrés, de acuerdo con la versión de los hechos impulsada por la Fiscalía. Andrés era un hombre mucho mayor que Reyna, muy envejecido y de aspecto descuidado, pero no le dimos mayor reparo. La entrevista se desarrolló en la oficina de la presidencia de la Corte.

Cuando le contamos a Bruno la idea del proyecto audiovisual, sus expresiones eran casi nulas. Mantenía los ojos sobre la mesa, no nos dirigía la mirada y su nivel de voz apenas era perceptible, casi no abría los labios al hablar. Se veía destruido por lo que le había pasado a su esposa.

Cuando le preguntamos su opinión, se mantuvo en silencio un momento. Pero luego nos hizo dos preguntas: "¿Cómo creen que me siento? ¿Qué justicia creen que busco?".

Le dijimos que compartíamos su dolor, aunque para nosotros fuera inimaginable. Entender cómo se siente alguien que pasa por una pérdida así es difícil de concebir. En cuanto a la justicia que buscaba, pensé en contestarle que seguramente quería que Andrés muriera y que el presunto asesino enfrentara el mismo final que le dispensó a su esposa. Pero, no olvidando que estábamos en el máximo Tribunal del país, fui prudente y le dije que suponía que buscaba la pena más severa posible.

Nos miró desconcertado y contundentemente dijo que no. Andrés ya estaba en la cárcel y ahí seguramente pasaría todos los días de su vida. Justicia para él era que el Ministerio Público pagara todo lo que le habían hecho a él y a su familia, en particular la fiscal Dilcya. Empezó a levantar la voz y señaló que la fiscal y otras autoridades merecían estar en la cárcel. Se quebró y salieron lágrimas de sus ojos.

¡Estábamos perplejos! Tenía más odio y coraje contra la líder de la investigación del caso de su esposa y el Ministerio Público que contra el propio asesino. No entendíamos lo que nos estaba diciendo. Le pedimos clarificar su respuesta. Era completamente contraintuitivo lo que expresaba. Nosotros habíamos visto en Dilcya a una gran fiscal, y su experiencia y presencia nos habían generado la mejor impresión.

Ratificó su enojo contra la fiscal. Bruno acusó que ella había inventado la relación sentimental entre Reyna y Andrés. Aseguró que era totalmente falso, que él conocía a Andrés y que sólo le proveía equipos celulares y accesorios a Reyna para su negocio. La Fiscalía les había dicho que acreditar el vínculo sentimental con el asesino era la forma más fácil de tipificar el feminicidio y que por un delito de este tipo Bruno y su familia recibirían el triple de compensación económica que la correspondiente a un caso de asesinato común.

Bruno se negó a aceptar que su esposa fuera retratada como la amante de Andrés; era falso y corrompería el recuerdo que sus hijas tenían de su madre. Prefería guardar la dignidad de Reyna que recibir cualquier compensación económica.

Ante la negativa de Bruno y de sus familiares de declarar lo que planteaba la Fiscalía, los separaron e ingresaron a zonas distintas en las oficinas del Ministerio Público. A todos les volvieron a pedir, por separado, firmar una declaración en la que constara que Reyna y Andrés eran amantes. Nadie lo hizo.

Solamente unos vecinos de Andrés —Consuelo Mondragón y su esposo— accedieron a la petición de la Fiscalía cuando apenas habían visto a Reyna un par de veces en la calle de Margaritas, nos aseguró Bruno. Además, la Fiscalía había filtrado a los medios de comunicación la versión del amasiato entre la víctima, Reyna, y el victimario, Andrés, lo que lastimó la reputación de toda la familia en su comunidad.

Ahora entendíamos las declaraciones que Bruno, en las primeras horas tras la detención de Andrés, había hecho a la prensa: "Ya basta de estar poniendo a mi esposa que fue su novia o fue amante o que hubo una relación sentimental, eso es una completa mentira". No era una crítica a la prensa, era un reclamo por la manipulación de los hechos que estaba haciendo la Fiscalía.

Bruno nos dijo que había hecho dos peticiones a la fiscal Dilcya tan pronto como la había conocido: que le regresaran el teléfono celular de Reyna, pues contenía la mayoría de las fotos de la familia y quería guardar esos recuerdos. Y que cambiaran a la agente del Ministerio Público a cargo de las investigaciones, ya que lo único que había hecho desde que tomaron el caso era revictimizarlos, sobre todo al inventar el vínculo amoroso.

La entrevista a Bruno se llevó a cabo seis meses después del feminicidio de Reyna. Ninguna de sus peticiones fue acatada por la Fiscalía. El móvil de la relación sentimental entre Reyna y Andrés se impuso permanentemente y tampoco le devolvieron el celular para recuperar las fotos familiares.

La información que nos dio Bruno daba un giro a nuestra investigación. Reyna, contrario a lo que imputaba la Fiscalía, no era la amante de Andrés, y su familia contendía más con dicha instancia que con el propio feminicida. Ahora entendíamos la verdadera razón por la que Dilcya nos había pedido no entrevistar a los familiares de las víctimas: no era por el riesgo de revictimizarlos, sino de que salieran a la luz pública las acusaciones hacia ella y hacia el Ministerio Público. Se estaba protegiendo ella misma, no a las víctimas o a sus familias.

A partir de este hallazgo, tuvimos que rehacer el guion de la serie documental.

Para ello le pedimos a Bruno que repitiera frente a la cámara lo que nos había contado. Tomó confianza y aceptó, pero nos dijo que antes de hacerlo debía consultar el tema con su familia política, en particular con la madre de Reyna. La versión oficial de los hechos había sido que Bruno maltrataba a su esposa, pero, claramente, aun después del trágico acontecimiento, la relación del comandante con su familia política continuaba y era muy estrecha.

Su suegra le dio el visto bueno de la familia política para darnos la entrevista a cuadro.

Aquí la transcripción de las partes más relevantes de la conversación con Bruno, que ratifican el giro en nuestra investigación: la fiscal y la Fiscalía dejaron de ser los protagonistas heroicos del documental y se convirtieron en antagonistas, al mismo nivel que el feminicida:

—¿Desde hace cuántos años estabas casado con Reyna y cómo era tu relación con ella?

—Llevo cuatro... llevaba cuatro años casado con Reyna.

—¿Y cómo era tu relación con ella? ¿Cómo era como madre?

—Es mi esposa, tenemos dos hijas. Es una mujer honorable, trabajadora. Nos dedicábamos también al comercio, ella administraba también esa parte. Era una buena mujer que, pues... era una buena esposa. Lo único que queremos, creo que es lo que todos [queremos], [es] salir adelante, trabajando honestamente.

—¿Al cuánto tiempo, a las cuántas horas de su desaparición se presentó la ficha "Odisea" y cómo fue ese trámite para ti?

—Después de seis horas aproximadamente y hasta el momento del levantamiento de la ficha "Odisea" fue cordial, fue bueno el trato.

—Después de que se levantó la ficha "Odisea" y que tuviste ese buen trato, ¿qué siguió?

—Pues... nos enfocamos mi familia y yo a realizar la búsqueda de mi esposa, realizando una investigación hasta su localización y... bueno, eso fue lo que hicimos posterior[mente].

—¿Cuánto tiempo pasó desde que tú iniciaste tu propia investigación hasta que la ubicaste? ¿Cuántas horas?

—Pues pasaron varias horas, más de 24 horas.

—Comandante, como víctima, pero también como servidor público, como comandante de la policía, ¿qué debe cambiar para evitar que esos terribles delitos sigan sucediendo?

—Pues debe haber mayor empatía por parte de las autoridades con los ofendidos. También la sociedad se debe vincular con las autoridades...

—Cuando dices que las autoridades tienen que involucrarse más, ¿esto es para que tengas justicia? ¿Qué es lo que tú esperas de las autoridades? ¿Qué es para ti y para tu familia la justicia?

—Para mí justicia es... pues que el señor [Andrés] sea sentenciado a los años que se le vayan a dar... y que se tome acción penal en contra de todas las autoridades que no realizaron sus funciones, que me negaron esa justicia, pues, que me coaccionaban para cambiar mi versión de lo sucedido a cambio de supuestamente darme esa justicia. Ya que en todo momento ellos me comentaron que si yo no cambiaba esa versión, pues no, él no se iba a quedar detenido. Por principio de cuentas, pues, el Ministerio Público no me quiso apoyar, y tan es así que me quería obligar a mí y a mi cuñada a dar otra versión. No lo hicimos así. [Ésa no] fue la versión real, fue una que se asemejaba. [Nos decían que] en lo legal, si no decíamos eso, pues no iban a poderlo detener... A nosotros no nos hizo cambiar toda la versión, pero a los testigos, a los inquilinos, quienes vivían ahí, pues sí, a ellos sí los hizo cambiar. Y ésa es la versión que está en las redes, eso que lastima y lacera mucho a mi familia. Eso que el Ministerio Público hizo [fue] revictimizarnos, y pues la sociedad [también lo hizo] a su manera a través de las redes, pues continúa haciendo esto con mi familia.

—¿Cuál es la versión falsa que se dijo sobre Reyna y cuál es la verdad?

—La versión falsa que se dijo de mi esposa es que tenía una relación sentimental con el señor Andrés... Eso fue falso, eso lo inventó el Ministerio Público para vender, desde ese momento empezó a vender... a lucrar con el dolor de nosotros, de mi familia, de mis hijas, de nosotros como ofendidos. Desde ese momento empezó a lucrar y continuó de esa manera, de tal forma que, cuando se realiza la detención del señor, los únicos que tienen acceso a la vivienda es el personal de la Fiscalía, el cual continuó lucrando, porque la evidencia que se encontraron en ese lugar no la resguardaron como era su obligación, sino que la hicieron pública, la vendieron, y eso pues nos vuelve, nos revictimiza a nosotros como ofendidos.

—¿Cómo quieres que se recuerde a Reyna?

—Como es, como fue, una gran esposa, una madre honorable, una gran mujer.

—Comandante, algo más que usted quisiera decir...

—Solamente [quisiera] reiterar que para nosotros justicia no es sólo que sentencien [a Andrés], sino que se tome acción penal en contra de todas las autoridades [de la Fiscalía] que no nos dieron acceso a esa justicia, que nos la negaron, y que hoy día todavía continúan todos y cada uno de ellos en sus cargos, sin que nadie haga nada. Y [quisiera justicia] para todos los demás... las demás víctimas y los demás ofendidos de este país, siguen recibiendo, creo, el mismo trato... Estos servidores públicos se ven completamente impunes ante lo que hacen, ante lo que están realizando, ante las injusticias que realizan. Y al no tomar acción penal en su contra, pues continúan bastantes feminicidios sin resolverse... bastantes delitos cometiéndose sin que ellos hagan algo y sin que alguien pueda hacerles algo a ellos.

—Comandante, por nuestra parte es todo si usted no quiere agregar nada más. Es clarísimo lo que ha dicho.

—Bueno, gracias, y nuevamente les agradezco todo, y si hay alguna otra pregunta y si hay algo que quiera usted, yo estoy en la mejor disposición de contestarla.

—Comandante, yo me quedo mucho con lo que dijo ahorita sobre las autoridades al no hacer bien su trabajo, pues están permitiendo que ocurran estos feminicidios. Es lo que comentaba usted, y creo que tiene mucha razón. ¿Qué cree que se necesita?, o sea, dado que usted también es policía, entonces, ¿qué cree que hace falta?

—Creo que realmente hace falta capacitarlos. Hace falta que, [como] en este caso, como hoy lo hace la Suprema Corte de Justicia de la Nación, se involucre, que alguien más pueda supervisar, ¿no? Que alguien más pueda supervisar que se esté realizando conforme a derecho una investigación, ¿no? [Que en] dicha investigación los ofendidos pues realmente sean eso, ¿no? Y puedan apoyarlos, y no como en mi caso. Eso es importante. Si eso no pasa, pues se queda a la deriva, y uno como ciudadano pierde esa confianza con nuestras autoridades de poder realizar una denuncia, por darle un ejemplo. Yo le hice saber de lo que no estaba yo de acuerdo al Ministerio Público, que se supone es una autoridad y está para escucharme, está para ayudarme, y no hizo nada, hizo lo contrario, me revictimizó. Tuve contacto con la maestra Dilcya, fiscal general de feminicidios en el Estado de México, y pues le hice saber del trato, de la manera en que me revictimizó su Ministerio Público, y le solicité, le pedí que por favor me lo cambiara. Eso fue todo lo que le pedí y ella me dijo que sí, que en la siguiente audiencia no estaría, y hasta el día de hoy sigue siendo el mismo. Entonces imagínese cómo me siento yo cuando tengo que ir a una audiencia y él tiene que estar ahí a un lado de mí, ¿no? El que se supone que debería ayudarme y no lo hizo, y ahí a un lado de mí sigue diciendo mentiras, y yo escucharlas y haberle dicho a una fiscal lo que estaba pasando y que tampoco haya hecho nada, pues, como ciudadano, yo creo, como sociedad, si le pasara... no sé, a alguien le ha pasado, se pierde esa parte ¿no? Se pierde esa confianza con nuestras autoridades de poder ir a denunciar. Y continuamos como estamos, "¿pa qué denuncio si de todos modos no pasa nada?".

—Sí, creo que eso que menciona es vital. A la hora que se pierde esa confianza en las autoridades, qué sentido tiene el denunciar. Eh... ahorita me surgió la duda, cuando comentaba de este trato que recibió. ¿Ha tenido usted oportunidad de estar en contacto con algunos familiares de otras víctimas? ¿Sabe si han recibido un trato parecido al suyo o cómo ha sido?

—No he tenido contacto con familiares de ninguna otra víctima y pues desconozco qué trato les hayan dado.

—Comandante, por último, ¿cómo está la familia después de esto? ¿Cómo están los lazos entre todos ustedes? ¿Cómo hacen para seguir adelante?

—Pues... estamos deshechos, estamos destrozados por dentro, y tratamos entre nosotros de consolarnos, ¿no? Tratamos de consolarnos. No podemos hacer otra cosa, pues, cuando nos acercamos a las autoridades en las que creímos, que ellos iban a hacer justicia, no la hicieron. Hoy que la Suprema Corte de Justicia de la Nación nos invita aquí. En lo personal me siento con tranquilidad.

5

La detención

La detención y primeras revelaciones de Andrés

Una vez que Bruno encontró el cuerpo de su esposa, pidió apoyo a su jefe en la policía del municipio adyacente, pero el concuño de Bruno también hizo una llamada al 911, y eso lo enlazó con la policía de Atizapán.

El primer policía de Atizapán en llegar a la casa de Andrés fue Rogelio Zaragoza, el 15 de mayo de 2021, a las 9:00 p. m. Según el relato oficial, éste recibió una llamada de la central de emergencias diciendo que se solicitaba "un apoyo en la calle de Margaritas". Al trasladarse ahí, en la patrulla PD 007, se encontró a Bruno pidiendo el apoyo por la desaparición de una persona, su esposa, Reyna.

Las declaraciones de cómo capturaron a Andrés son contradictorias. La versión que nos contaron varios testigos presenciales del arresto de Andrés es distinta a la oficial: al llegar la policía al domicilio de Margaritas 22, Bruno y su concuño tenían sometido a Andrés, tras haber localizado los restos de Reyna. Bruno, desde el interior de la puerta del domicilio, quiso entregar a Andrés al policía que acababa de llegar, pero éste no lo quiso recibir, pues no tenía orden de aprehensión, y prefirió esperar a los miembros de la Fiscalía para tener claridad en el procedimiento legal a seguir. Pero Bruno insistía en entregar a Andrés a Rogelio, el primer respondiente de la policía, quien siguió rechazándolo. Era tal la desesperación de Bruno por entregar a Andrés a la policía, y el policía en rechazar la entrega de la persona, que varias veces aventaron a Andrés de la puerta para fuera y luego de la calle para dentro de la vivienda. Fue, lo narra Bruno, una especie de ping-pong con el policía para entregar al detenido, hasta que, en un quinto o sexto empujón, Andrés tropezó y cayó al piso.

En ese momento empezaron a llegar más patrullas de la policía y subieron a Andrés a una de éstas. Mientras tanto, Bruno, con su experiencia como policía, resguardaba la escena del crimen, en espera de que

LA DETENCIÓN

llegaran los elementos de la Fiscalía. Su intención era que no se perdieran evidencias ni se contaminara la escena del crimen de su esposa.

La espera fue larga. Los elementos de la Fiscalía Especializada en Feminicidios —la agente de investigación Karina Reséndiz y el perito forense Carlos Humberto Lara— arribaron más de cuatro horas después. No fue hasta la 1:27 a. m. del 16 de mayo de 2021 que se presentaron para levantar los restos humanos de Reyna, y concluyeron a las 03:20 a. m. Posteriormente, hicieron la denuncia por el delito de feminicidio cometido en agravio de Reyna González Amador.

Rumbo a la Fiscalía, los policías le preguntaron a Andrés desde cuándo mataba mujeres y cuántas habían sido. Su respuesta fue que llevaba 31 años haciéndolo, con una periodicidad de alrededor de dos por semana. Estas declaraciones, narradas por los policías que lo trasladaron, no constan en el expediente judicial, dado que se obtuvieron sin la presencia de un abogado que representara a Andrés. Los oficiales quedaron perplejos. ¿Había de verdad asesinado a cerca de 3 mil mujeres a lo largo de 31 años? ¿Era posible cometer tales crímenes sin que se levantaran sospechas de manera alarmante? ¿Estaba presumiendo algo grotesco?

Más tarde, algunos medios de comunicación dieron a conocer estas "cifras"; así ocurrió en el espacio de Joaquín López Dóriga, en Radio Fórmula.

¡Tres décadas matando a mujeres de esa forma!

Tiempo después nos dimos cuenta de que los inicios de Andrés como asesino empataban con la fecha de estreno de *El silencio de los inocentes* en México, en 1991. Esto sería un dato que se volvería relevante. Pero de ello hablaremos más adelante.

6

¿Quién es El Caníbal?

La entrevista al Caníbal

Necesitábamos conocer la versión de Andrés sobre todo lo sucedido. No sería fácil lograr que nos recibiera en prisión, ni que hablara con nosotros —con un juicio en curso— y mucho menos que lo hiciera frente a las cámaras.

Además, había sufrido un intento de asesinato en el penal de Barrientos, por lo que fue trasladado al Centro de Reinserción Social de Tenango del Valle, también en el Estado de México, donde lo tenían en reclusión individual, en solitario, para que su integridad no corriera riesgo y pudiera enfrentar el juicio por el asesinato de Reyna.

Para poder entrevistarlo necesitábamos el visto bueno del gobierno del estado, administrador de la cárcel, y del Poder Judicial local, que llevaba el proceso judicial. Por parte de las autoridades, el acceso nos lo consiguió el presidente de la Corte junto con el presidente del Tribunal Superior de Justicia del Estado de México, Ricardo Sodi.

Faltaba que Andrés accediera a la entrevista. Para lograrlo, el equipo de investigadores decidimos que una psicóloga con amplia experiencia en temas criminales, la doctora Feggy Ostrosky, fuera la encargada de conocer a Andrés e intentara obtener su declaración.

Feggy adquirió fama cuando, casi tres décadas antes, publicó el perfil psicológico de Mario Aburto, el asesino material del entonces candidato a la presidencia de la República Luis Donaldo Colosio. Después de dicho caso, la doctora examinó a más de 150 criminales en México, muchos de ellos entre los psicópatas más violentos.

Feggy se acercó a Andrés y, para nuestra suerte, dado que estaba en confinamiento solitario, accedió a hablar con ella. El feminicida pasó meses con poco contacto humano. Fuera de su defensor público, Rosa María Caridad Sosa, de los agentes de la Fiscalía que lo interrogaban, de sus custodios y de Sonia Estudillo Mendoza, una sobrina que ocasionalmente lo visitaba, no tenía contacto con ninguna persona. Había días enteros en los que no hablaba con nadie, por lo que poder conversar con Feggy fue algo que agradeció.

Para empezar a generar un diálogo, Feggy le preguntó por su salud, por el trato en la cárcel y las comidas. Días después, Andrés accedió a hablar del asesinato de Reyna frente a las cámaras de grabación. Para nuestra sorpresa, incluso firmó una liberación de uso de imagen, con lo que podríamos no sólo contrastar sus dichos con la información que habíamos recopilado, sino que también podíamos incluirlo en el documental. No existía registro reciente de algún otro prisionero acusado de ser un asesino serial que hubiera estado de acuerdo en ser entrevistado. Después del trabajo de Feggy, la entrevista en video corrió a cargo de Grau Serra, nuestro experimentado director.

Para empezar, Andrés habló de la educación que recibió por parte de sus padres: "Respetar a la gente, trabajar... es lo que me enseñaron. Mi padre me decía: 'Cuando estés con una persona mayor que tú, tienes que decirle *usted*, no seas igualado'. Y sí, todo eso aprendí, hay que respetar a la gente".

Continuó: "Soy bueno con toda la gente. Yo siempre ayudo a la gente. Aunque sé que hablan mal de mí, dicen que 'por pendejo' estoy jodido. Bueno, así soy, ¿y qué voy a hacer? Así soy. Me gusta ayudar a la gente". Trataba de explicar su interés en ser presidente de la colonia Lomas de San Miguel.

Respecto a las mujeres dijo: "Bueno, a todo hombre le gusta la mujer. Todas están bonitas, todas. A todos nos gustan las mujeres. Los hombres... no somos maricones que les gustan los hombres [se ríe]... Sabemos que no todas las mujeres son sinceras. También a ellas, también les gusta... pues... les gusta jugar mal con los hombres, también".

Y siguió: "Ahorita ya la mujer ya manda. Ahorita ya los hombres ya no mandan. No. Anteriormente los hombres eran los que mandaban. Y ahora, como estoy viendo, los hombres ya se ponen faldas. Ando en la calle y veo que se ponen faldas hasta aquí y enseñan sus piernas. Y las mujeres bien tapaditas las piernas. Se está volteando al revés todo. Ahorita ya la mujer manda".

Andrés aceptó únicamente el crimen de Reyna, asegurando que fue producto de un enojo. No aceptó haber matado a ninguna otra mujer o persona. Una vil mentira a la luz de todo lo que se había encontrado en su casa. Revisando los videos, nos dimos cuenta de que, cuando mentía, bajaba levemente la mirada hacia la mesa en donde estaba sentado y la rayaba con una de sus uñas.

Le preguntamos también si alguna vez había comido carne humana, ante lo cual, nuevamente bajando la mirada, nos contestó: "¡No! ¡No, no! ¿Qué más, qué más?", queriendo desviar el tema.

Perfil médico y psicológico

Andrés Mendoza Celis nació el 29 de noviembre de 1949 en San Sebastián Río Dulce, municipio de Zimatlán de Álvarez, en Oaxaca, México, una pequeña comunidad rural con apenas 400 habitantes en la que 87% de la población habla una lengua indígena.

Reportó que su madre hablaba zapoteco, pero que a él le hablaba "en castillo" (castellano). El papá la "hacía de abogado" para resolver problemas de los demás y era común que la gente acudiera a él por ayuda. Cuando su padre estaba vivo, le enseñó muchas cosas al acompañar al presidente municipal de donde vivía. Su papá murió a los 42 años: "De repente… le cayó la enfermedad"; Andrés hacía referencia a que la causa había sido el consumo de alcohol. Específicamente, tomaba mezcal.

"Era muy picado y se seguía… hasta 15 días seguidos bebiendo". Narró que su padre era una persona sumamente agresiva y que de repente "se le botaba la canica" y les pegaba a él, a sus hermanos y a su madre.

Cuando tenía 13 años, su padre murió y Andrés se fue a vivir a la ciudad de Oaxaca, donde comenzó a trabajar cortando madera. Negó que tuviera problemas con otros niños, adolescentes o personas con las que laboraba. No sabía leer ni escribir, por lo que a los 16 años decidió ingresar a la escuela nocturna y, para ese fin, le pidió trabajo a un primo que tenía una tintorería. Asistió a la escuela, cursó todos los ciclos sin problema y obtuvo un promedio de nueve. Se inscribió en la secundaria, pero no terminó: las carencias económicas se lo impidieron. Posteriormente, encontró trabajo en una fábrica de plásticos y luego compró un carro "Dark" (Dodge Dart). Se dedicó a vender ropa en la calle, pero no le fue bien, pues los clientes le pedían fiado y no le pagaban. En esa época, de los 31 a los 37 años, se desempeñó como carnicero en un rastro de carne para consumo humano en los rumbos de Tlalnepantla, ya en el Estado de México. Este episodio sería muy relevante para lo que les haría a sus víctimas.

Posteriormente, entró a las actividades políticas, trabajando para el Partido del Frente Cardenista de Reconstrucción Nacional, que luego sería el Partido de la Revolución Democrática (PRD). "Me fueron a ver a mi casa en Atizapán para que los ayudara a mejorar la colonia [de San Miguel]", afirmó Andrés. Desde esa época fue representante vecinal y hacía campaña por el partido político, por lo que mantenía relaciones con el vecindario.

En 2015, para entrar en funciones en 2016, fue elegido presidente de la colonia San Miguel. Conseguía votos para el PRD y recibía apoyos económicos de más de 600 pesos mensuales, con los que compraba balones de futbol para los niños en situación de calle, sopas instantáneas para familias en situación vulnerable y pintura para las fachadas de algunas casas. También administraba las canchas deportivas de la colonia.

Andrés era un vecino activo de la zona. Aparentemente llevaba una vida normal y hacía activismo constante para mejorar la calidad de vida de sus vecinos, pugnando por más infraestructura, alumbrado, pavimentación y, sobre todo, seguridad.

Jorge Vázquez, policía de Atizapán, aseguró que conoció a Andrés en el tiempo que estuvo encargado como presidente del Consejo de Participación Ciudadana de la colonia: "Era una persona tranquila. Nos reportaba anomalías, que eran alumbrados o lo que la gente le reportaba. [Se preocupaba por] la inseguridad y nos pedía que apoyáramos con mayores recorridos en esas zonas de su colonia. O sea, era muy tranquilo el señor".

Con su cargo y buena reputación en la comunidad se ganó la confianza de sus vecinos y víctimas, principalmente mujeres, a quienes atraía a su hogar con diversas promesas de apoyos.

De estatura baja, fornido y de apariencia apacible, el hombre que al momento de su detención tenía 72 años mantenía una relación aparentemente normal con sus vecinos.

En las entrevistas mencionó que comenzó su vida sexual a los 18 años. Aseguró haber tenido 18 parejas sexuales en total; seis de ellas, parejas estables: la más larga, de 20 años. Negó antecedentes de abuso sexual o enfermedades de transmisión sexual; asimismo, expresó tener "dificultades en el control de sus impulsos sexuales". No tenía hijos ni estaba casado.

En su historia clínica, el reporte señala que presentaba "varias cicatrices en las manos" y "periné diferido" (genitales ambiguos). Lesiones en el perineo, inusuales en los hombres, cuyas causas más comunes son "trabajar en granjas o en el campo, montar bicicletas, hacer gimnasia o sufrir de abuso sexual".

Esta condición era un problema en su relación con las mujeres, dado que se burlaban de él. Por ello, su vida sexual la habría iniciado en los prostíbulos, de donde también habría sacado a sus primeras víctimas. Algunos reportes señalan, como posibilidad, que llevó su misoginia al extremo por rencor y traumas derivados de defectos de su aspecto físico. En lo que todos los reportes psicológicos coinciden es que, para él, era normal ver a la mujer como un ser inferior, cosificable y al servicio del hombre.

Durante toda la evaluación se mostró, ante Feggy, la psicóloga, como una persona social, pero con destellos de suspicacia, manipulación y desconfianza. Su lenguaje era bien articulado, espontáneo y fluido.

En su "Evaluación neuropsicológica, neuropsiquiátrica y rasgos de personalidad", Feggy concluyó:

El acto de matar le otorga [a Andrés] una fuerte sensación de poder, aunque sea fugaz. Le permite crear otra realidad, una experiencia en la que por fin él logra ejercer un control sobre la situación, sobre las mujeres... cuando comete el crimen se convierte en una persona importante, con un tremendo poder. Matar, violar y mutilar a sus víctimas es uno de los elementos de la agresión, una ira violenta que le produce placer. Después de esto le sobreviene un estado de calma y una sensación de alivio que no logra conservar después del asesinato, lo que le genera intranquilidad y la imperiosa necesidad de volver a matar.

Los resultados de la entrevista psiquiátrica estructurada revelaron ausencia de remordimiento y culpabilidad, insensibilidad, falta de empatía, escasa profundidad de los afectos, ausencia de responsabilidad de sus acciones e impulsividad. Presenta una clara deshumanización y cosificación de la mujer, para él las mujeres son frías y calculadoras como robots, no son sinceras ni dignas de confianza, son superficiales, son "objetos" que desecha cuando ya no le sirven.

La psicóloga señala también en su reporte:

... he trabajado con más de 370 internos, un 25% de esos internos son psicópatas, son individuos que han torturado, que han matado, que han asesinado y en todos ellos sí detecto ciertos rasgos en su mirada, en su forma de actuar, y en Andrés la verdad no detecté nada y eso habla de un nivel de psicopatía primario, de un verdadero psicópata. Es un hombre que te ve directamente a los ojos y que no te genera ningún miedo, no sospechas absolutamente nada, eso es un verdadero psicópata, te engañan, son encantadores superficialmente, no quiere decir en su físico, pero te mienten con mucha facilidad.

Feggy, en su larga experiencia profesional, nunca había visto un perfil así.

7

El Caníbal en su comunidad

La alcaldesa de Atizapán y el presidente de la colonia San Miguel

Después de entrevistar a los policías y bomberos, decidimos hacer lo propio con la alcaldesa de Atizapán, Ruth Olvera, quien ostentaba el cargo de elección de mayor nivel en ese municipio de clase media/media baja, en el que habita poco más de medio millón de personas.

Al ser la alcaldesa, conocía perfectamente la zona, así como los reportes que le había dado la policía. Nos comentó: "Los factores que más inciden en los feminicidios son ser mujer, joven y pobre… estos tres elementos son una sentencia de muerte. A lo largo del tiempo hemos visto que desaparece una mujer o la reportan como extraviada, no localizada, y no sucede nada. Nadie dice nada. Entonces, ésos son los factores, ser joven, mujer y pobre".

Y, efectivamente, estas características conformaban el perfil de las víctimas que Andrés elegía. Seguramente, con ello esperaba que la policía no tuviera presión legal, mediática, ni social para actuar y dar con el homicida. Así logró Andrés operar y evadir a la justicia durante 31 largos años.

Sobre el feminicidio de Reyna, Olvera aseguró que solicitó a las autoridades estatales y federales emitir una "alerta de género" (mecanismo de protección de los derechos humanos de las mujeres para alertarlas sobre una situación de violencia en determinada zona), pero su petición no tuvo eco. La ignoraron.

Aseguró también: "Derivado de la pandemia [de covid-19], la violencia intrafamiliar se incrementó en niveles nunca antes vistos, [y] quien lleva la mayor carga de agresión y violencia son las mujeres".

Agregó: "[Para una atención efectiva se requieren] áreas de especialización que se dediquen a atender a las mujeres, a las víctimas y a sus familiares, porque no solamente es el contexto de la mujer que fue atentada, que fue atacada, o que desapareció, o que apareció muerta, o que apareció desmembrada, o sabrá Dios cómo aparezca o lo que quedó de ella. Es todo el contexto que involucra a la familia, a la sociedad, y esto está impactando fuertemente porque entonces ninguna mujer va a poder salir a la calle. Vamos a necesitar 10 mil policías o cada una vamos a necesitar un policía, es absurdo".

No estaba mal. A los pocos días de la entrevista, y conforme se empezó a conocer la proporción de los delitos de Andrés, las mujeres en Atizapán fueron mucho más cautelosas en sus salidas a la calle. Sin embargo, no se podían "guardar", dada su necesidad de trabajar para ganarse la vida.

La alcaldesa de Atizapán estaba en descontento con el trabajo de la Fiscalía, tanto en el caso de Reyna como en el de otros feminicidios en la zona. "Y la autoridad competente, ¿dónde está?", cuestionaba. "[El gobierno municipal] no tiene jurisdicción para actuar porque no es administrador de la justicia. Entonces, hay que hacer escuchar la voz de las mujeres, de todas esas muertas que jamás van a poder decir 'aquí estoy', 'me sucedió esto', 'me hicieron esto'. Alguien tiene que hablar".

Respecto al caso del feminicida de Atizapán, la alcaldesa expresó: "Como esas treinta y tantas mujeres que aparecieron ahí, están sus osamentas, pero nadie sabe cuántas fueron en realidad, ni quiénes son, ni cuál era su nombre, ni de dónde venían, ni a qué se dedicaban. [Sólo] por una circunstancia [sic], nuestra propia policía municipal hizo el operativo, organizó y pudo entrar. Porque antes, a pesar de las denuncias [de desapariciones], no sucedía nada y nunca se abrió una investigación. Y que conste que [el feminicida] estaba operando desde los noventa. Esta situación ya se venía gestando. Y todas las instancias, ¿qué hacen? Por eso estoy hablando por las mujeres. Alguien tiene que hablar, alguien tiene que reclamar, alguien tiene que exigir, y, si a mí me toca hacerlo, pues lo haré. Hasta donde tope".

La alcaldesa comentó que, aunque el asesinato de Reyna había revelado la existencia de otros cuerpos, y que Andrés, el feminicida, practicaba el canibalismo, ella pensaba que había más trasfondo. Se preguntaba cómo es que había tantas mujeres muertas, tantos instrumentos para hacer cortes y formol en la casa de Andrés. No entendía que sus vecinos no hubieran detectado nada extraño a lo largo de tantos años. Ella sospechaba que, además de los feminicidios, el caso podría estar relacionado con el tráfico de órganos. Esto, basado en la información de policías que le aseguraron que un par de inquilinos de Andrés eran médicos que tenían un local donde daban consultas, y, una vez que se descubrió el feminicidio de Reyna, desaparecieron del lugar. Ni la Fiscalía ni la policía pudieron encontrarlos para que rindieran su declaración. Los informes policiacos fueron muy opacos, y en la vivienda se encontraron órganos como riñones y lenguas en el refrigerador. Sin embargo, hay quienes consideran improbable esta hipótesis, dado que Andrés vivía en condiciones sumamente insalubres y no contaba con equipos esterilizados.

La alcaldesa reveló que Andrés era el presidente electo de la colonia Lomas de San Miguel, conformada por 14 mil personas. El feminicida utilizó su cargo —que era básicamente de gestor social y administrador de las canchas deportivas del barrio— para generar confianza entre los habitantes.

De hecho, tanto la alcaldesa como sus policías nos contaron que era un ciudadano modelo y respetado por la comunidad. Incluso, cuando fue detenido, había mucha incredulidad entre los habitantes, pues no podían creer cómo un adulto mayor, tan respetado, pudiera haber perpetrado tantos crímenes.

Ahora sabíamos que el feminicida serial y caníbal era el presidente de la colonia. ¡Inaudito! Más tarde también descubrimos que el cargo lo usaba para citar a mujeres buscando apoyos, y que varias de ellas fueron sus víctimas.

Los vecinos de San Miguel y la coartada perfecta

Tras enterarnos de que Andrés Mendoza era, al momento de su captura, el presidente de la colonia Lomas de San Miguel, y que lo había sido desde 2016, fuimos a buscar a sus vecinos para averiguar más de él.

El primer vecino que encontramos —y que pidió reservar su nombre— resultó ser inquilino de la casa ubicada en Margaritas 14, propiedad de la hermana de Andrés, a escasos metros de la escena del crimen. Le llamaremos "inquilino uno". Andrés le cobraba 900 pesos al mes por una recámara, en donde vivía con su madre.

El inquilino uno nos narró: "El día que lo agarraron en su domicilio, nos dimos cuenta porque escuchamos un grito. Se escuchó muy cerca. Pensamos que era en la misma casa donde estábamos. Yo salí a la puerta y vi que había dos patrullas, me parece [que] en una de ellas estaba el señor Andrés... Fue toda una sorpresa muy escabrosa cuando nos dimos cuenta [de lo que había hecho] y que era nuestro casero... Por lo que yo sé, y lo que yo vi, la verdad es que solamente era muy atento".

Continuó detallando: "Las personas de la colonia de San Miguel conocían al señor Andrés como *el Chino*. Siempre saludaba a las personas, era muy atento, más que nada con las mujeres... Al señor Andrés le gustaba mucho alcoholizarse, de hecho, frecuentaba varios bares. A la expareja de mi mamá lo llegó a invitar varias veces a tomar. Accediendo a tomar cambiaba totalmente su actitud, lo desconocíamos por completo... Llegó a invitar a mi mamá y a otras personas también a tomar. Los bares eran donde conseguía a las mujeres, a sus víctimas, más que nada porque el alcohol siempre desinhibe. No sé si tomaba valentía y no sé si cambiaba su forma de ser".

Y sí, efectivamente, la investigación policial y algunos objetos encontrados en su casa apuntaban a que sus primeras víctimas databan de 1989 y eran trabajadoras sexuales a las cuales conoció en bares de la zona.

"El señor Andrés siempre olía a un olor muy fétido, como a rastro, a carnicería, siempre como con contacto de sangre", nos dijo.

Luego de enterarse de que se encontraron miles de restos óseos en la casa en donde vivía Andrés, el inquilino uno compartió con la policía que en la vivienda que él rentaba había "algo enterrado o restos", pues "se escuchaba hueco", al igual que en la parte de abajo del piso. Sin embargo, la policía y la Fiscalía nunca fueron a investigar esos indicios.

También entrevistamos a la madre del inquilino uno, quien, al igual que él, pidió el anonimato. La llamaremos inquilina dos. Nos dijo que Andrés les rentaba una recámara de la casa de su hermana, pero que, desde hacía dos años, Andrés era quien cobraba la renta, pues ella se había ido a vivir a Zimatlán, Oaxaca.

La inquilina dos también relató que, en alguna ocasión, vio que una mujer de nombre Reyna le llamó por teléfono celular a Andrés, y él le había dicho que era "una amiga". Andrés le propuso que fuera a su casa y le preguntó qué quería de comer, dijo que él "ahorita lo preparaba".

Andrés coqueteaba con ella y le decía: "Quédate soltera, quédate como yo, para qué te casas, así sales y te diviertes, así quédate, ni busques novio". La inquilina dos aseguró: "Me llegó a invitar a comer el día que cumplí un año [rentando] en su casa y, pues no, no acepté, no sé si me lo dijo porque me estaba cortejando, la verdad no sé".

Después de conocer la noticia de lo sucedido, se sintió muy bendecida, pues pudo ser ella una más de sus víctimas.

"Llegué a notar en las mangas de su camisa salpicaduras de sangre. Dos veces lo vi que estaba arañado de la cara y de los brazos, y pues sí me traumé al enterarme [de] lo que había hecho, porque yo digo que era en los días que hacía esas cosas a lo que se dedicaba, y pues sí me da pánico porque el señor Andrés me abrazaba y me decía que me quería mucho".

Cuando le preguntamos por qué no se extrañó de las manchas de sangre, señaló que había platicado mucho con él: "[Él me contó que] había tenido muchos trabajos, no tenía una profesión, él desde chico llegó y trabajó de albañil, anduvo en fábricas, o sea, estuvo trabajando en muchas cosas, incluso me dijo que había sido carnicero". La inquilina dos supuso, pues, que seguía trabajando como carnicero, y, al igual que su hijo, destacó que "siempre olía mal".

Otro dato curioso revelado por la inquilina dos es que, cuando había desperfectos en la casa, Andrés no les dejaba arreglar nada, no podían meterse con los muros y paredes, ni siquiera reparar goteras. Andrés les dijo que él sabía de albañilería: "[Aseguraba que sólo] él arreglaba todo lo de esa casa. Que incluso él había hecho todos los trabajos de esa vivienda de su hermana, había hecho pisos, paredes". Tras descubrir la verdad, los vecinos supusieron que probablemente Andrés no quería que tocaran las paredes o techos porque, al igual que la casa de Margaritas 22, todo podría estar construido con restos óseos.

Logramos hablar con la vecina inmediata de la casa de Andrés. Ella tenía una tienda de abarrotes llamada Súper Pícaros. Le llamaremos la "vecina de la tienda"; al igual que los otros dos vecinos, pidió anonimato. Señaló: "Yo tengo una tiendita y [Andrés] me compraba cosas. Cuando pasó [la muerte de Reyna], lo último que hizo [Andrés] fue comprarme una bolsa de sal". Este dato se volvió una importante pista periodística.

La vecina de la tienda declaró: "Todas las tardes [Andrés] quemaba algo y olía muy feo su casa, olía como a perro muerto". Pero no sospechó nada, pues, a menudo, Andrés ponía una lona que decía "[Se venden] carnitas".

En el colmo de las revelaciones, señaló: "En una ocasión, yo iba a trabajar y oí que sonaba su puerta; me alcanzó una muchacha que me había dicho que si sabía dónde había una patrulla y le digo '¿Para qué quieres la patrulla?', y me dijo 'Es que a mi amiga no la deja salir [Andrés]', y le dije 'Pues ve por la patrulla'. Pero como yo ya me iba a trabajar no supe qué pasó".

La vecina de la tienda sabía que Andrés, como presidente de la colonia, era buscado por los vecinos para hacer gestión social. "Lo iban a buscar para que los llevara a pagar su agua y su predial. Los llevaba con sus conocidos [en el gobierno local] para que les hicieran ahí una rebajita [descuento]". A pesar de las situaciones extrañas, nunca sospechó de él ni hizo denuncia alguna.

Al igual que la vecina de la tienda, la policía de Atizapán tenía una muy buena impresión de Andrés. El agente Fernando Flores, adscrito a la colonia de San Miguel, afirmó: "Yo conocí al señor Andrés cuando me pasaron para este sector y nos asignaron la comisión de checar los Consejos de Participación Ciudadana. [Andrés] se quejaba de que no había recorridos [policiacos] suficientes y pedía más alumbrado público. La verdad, luego se me hacía muy exigente con la seguridad. A menudo reportaba con mis mandos superiores que no había presencia policiaca y nos regañaban. Era un señor muy serio, siempre se le veía solo".

En las declaraciones ministeriales de otros vecinos con la Fiscalía, luego de la detención de Andrés, se aprecia información que llama la atención. Tal es el caso de la de Silvia Hernández Arriaga, vecina de Margaritas 75 y conocida de Andrés por más de 36 años, quien declaró: "En múltiples ocasiones, aproximadamente a las 8:30 a. m., salía de su domicilio, miraba hacia todos lados de la calle, percatándose [de] que no lo observara nadie y caminando rápidamente cargando unas bolsas negras de plástico, dirigiéndose a la casa de su prima Juana C. Cruz Mendoza, la cual está a dos casas del señor Andrés, ubicada en la calle Margaritas, manzana 37, lote 13, casa 14, colonia Lomas de San Miguel, Atizapán de Zaragoza, Estado de México, en donde se queda un par de horas. Regresando a su domicilio, ya sin las bolsas negras, teniendo estas mismas acciones por la noche, aproximadamente a las 11:30 p. m., volvía a salir con las bolsas negras hacia la casa de su prima Juana. Después de un par de horas regresaba a su domicilio, percatándome de estos hechos de 10 a 15 veces desde hace 30 años".

También atestiguó: "De 10 a 15 veces [me di cuenta de] que en la azotea, en los tendederos del domicilio [de Andrés] y del de su prima Juana, ponía a secar tiras de carne, haciéndoseme raro, ya que la grasa que tenía la carne era amarillo huevo. En una ocasión, le cuestioné que si se le había juntado los calcetines, a lo que me contestó que estaba poniendo a secar carne que le había traído su prima Juana de Oaxaca, haciéndome más sospechoso aún, ya que tengo conocimiento [de que la] grasa corporal amarilla [es grasa humana]".

A pesar de ello, nadie reportó nada a la policía. Ser presidente de la colonia era una coartada perfecta para Andrés.

Repartía carne... humana

Conforme los policías, bomberos y vecinos iban familiarizándose con el equipo de producción, nos contaron que, a menudo, Andrés regalaba carne y, dado que ésta tenía un color extraño, les decía que era carne de jabalí que traía de su tierra, en Oaxaca.

Hay que señalar que en esta colonia, donde la mayoría de los residentes son de un perfil socioeconómico de clase media baja, el que las familias comieran carne de res o cerdo no era lo cotidiano. Así que el que Andrés les ofreciera carne regalada era algo apreciado.

El inquilino uno así lo consignó: "El señor Andrés repartía carne humana, les invitaba de comer a varios policías de la zona, a varias personas, a la señora de la tienda de la calle. Llegó varias veces a invitar a mi mamá, pero nunca pudo concretarse ese hecho, y sí llegaba a invitar mucho de comer. Específicamente llegaba a invitar carnitas, que era lo que él decía que hacía. La verdad, las personas, no sé si sepan que era carne humana... Conozco a varios policías de ahí de la zona y varios de ellos me habían comentado que él les llevaba casi dos kilos de carne. Lo más lógico es que fuera carne humana".

Al igual que este vecino, varios policías nos contaron que Andrés regalaba carne. Cuando al policía Fernando Flores le preguntamos sobre el tema frente a la cámara, nos contestó: "Nunca supe nada de si la carne era humana y tú sabes que, si la gente hubiera hecho eso, tampoco te va a decir". Al final de su breve declaración, tragó saliva con dificultad: nos pareció un indicio de lo asqueado que estaba con el tema y de caer en cuenta de que, quizá, había probado esa carne creyendo que era de jabalí.

Cuando a la fiscal Dilcya se le preguntó sobre si Andrés cometía actos de antropofagia, respondió: "En virtud de que no es correspondiente a la investigación, no se contestará esa pregunta".

No obstante, nos dimos a la tarea de documentar esta macabra posibilidad y descubrimos que en los archivos oficiales del cateo en la casa de Andrés sí se había registrado que en su refrigerador había riñones y lenguas, que en su mesa del comedor había un plato con un pedazo de carne —presumiblemente humana— y una taza con algo que parecía moronga (embutido a base de sangre).

También se encontró la lona que daba cuenta de que ahí había o se vendían "carnitas", y varias de las personas entrevistadas señalaron que Andrés les daba la carne en platos de unicel envueltos con plástico transparente.

Regresamos con las autoridades y nos confirmaron que en su casa encontraron una emplayadora rudimentaria, la cual no se había conservado como evidencia al suponer que no había sido usada en crimen alguno.

El municipio de Zimatlán

Como parte de las investigaciones, fuimos al pueblo natal de Andrés en Oaxaca, San Sebastián Río Dulce, ubicado en el municipio de Zimatlán. Llegar ahí era difícil, primeramente por la serranía que había que atravesar, pero también por los muchos conflictos regionales entre etnias indígenas y grupos políticos. Era una zona insegura y con la posibilidad de que encontrásemos retenes en el camino o que incluso fuésemos detenidos por pobladores, acorde a sus usos y costumbres. Por todo ello, se nos recomendó pedir protección policial, la cual fue concedida por el alcalde del pueblo, Javier Barroso. Dispuso dos patrullas, con un total de siete elementos, para que nos acompañaran en la travesía a este lugar, San Sebastián, que estaba a unas cinco horas de Oaxaca capital.

Como una cortesía al apoyo que nos estaba dando, decidimos entrevistar al presidente municipal. No pensábamos que nos daría más información de la que ya teníamos; sin embargo, nos sorprendió con sus respuestas: "Andrés llegaba a San Sebastián Río Dulce, de la Ciudad de México, con hieleras llenas de carne y con bolsas de ropa, zapatos y accesorios de mujer". Sobre la carne, aseguraba que era "de cerdo que traía de la Ciudad de México".

El alcalde continuó: "La gente de la comunidad se quedó asombrada, decían '¡Madre santísima!, cómo es posible que yo haya comido carne que nos decían que era de cerdo y a lo mejor era de humano'".

Con esa declaración, todo empezó a cuadrar. A los vecinos de San Miguel, Andrés les decía que les traía carne de jabalí de Oaxaca, y a los vecinos de San Sebastián Río Dulce, en Oaxaca, les decía que les traía carne de cerdo —y ropa de mujer— desde la Ciudad de México. Convirtió así a cientos de personas, quizá miles, en caníbales sin que lo supieran.

Regalarles carne a sus vecinos de San Miguel era parte de su estrategia para ser electo —y luego reelecto— presidente de la colonia; no sólo repartía la carne como una forma de deshacerse de la evidencia, sino que sacaba ventaja política de ello. Nunca nos imaginamos que algo así pudiera suceder. Estábamos todos asqueados con lo que habíamos descubierto.

Las autoridades, lejos de ayudar a la comunidad, prefirieron esconder el tema.

8

¿Cómo lo hacía?

El álbum del Caníbal

En la casa del feminicida abundaban objetos que perturbarían a cualquier persona, pero hubo uno en concreto que excedió nuestra capacidad de asombro frente al horror. Un álbum fotográfico en donde Andrés combinaba fotografías familiares y de amistades con los datos a detalle de las mujeres que había asesinado al reverso de cada página.

Este álbum nos había sido mencionado por varias de las personas que habían estado al interior de la casa llevando a cabo las investigaciones policiacas. Preguntamos por él en la Fiscalía, pero no conseguimos ningún registro. Era muy extraño que un álbum que había horrorizado a tantos no apareciera por ningún lado.

Semanas después de indagar, un miembro del equipo de la producción fue buscado por una persona que dijo tener acceso a muchos elementos que se habían sustraído de la casa del feminicida. Ofreció el álbum, pero también ropa interior femenina y restos óseos. Por todo pedía dinero. Estábamos sorprendidos de que alguien hubiera podido hurtar —de ser cierto— tantas evidencias de los delitos cometidos.

No fue fácil decidir si pagábamos dinero, en el "mercado negro", por un objeto hurtado de la investigación. Después de una larga deliberación con el equipo de producción, decidimos hacer una oferta sólo por el álbum fotográfico para ver, primeramente, si había tal magnitud de "mercado negro" en el que se hubieran sustraído evidencias del caso. Pero también nos interesaba revisar el álbum para ver si contenía información que nos ayudara a dar luz sobre otras víctimas del Caníbal. Pagamos una cantidad de dinero no tan relevante por él. Pero al verlo sí nos sorprendimos de que efectivamente hubiera un "mercado negro" de *memorabilia* de evidencias robadas de la casa de Andrés.

El álbum tenía en su portada la imagen de un niño pescando. Estaba forrado en plástico transparente. Usé guantes de látex para abrirlo y no contaminar cualquier rastro de huellas o de ADN que hubiera en él. Apenas lo toqué, tuve una sensación muy extraña. Un escalofrío recorrió todo mi cuerpo. Se sentía una energía muy negativa. Nunca había experimentado algo así.

La sensación fue aún peor cuando lo abrí para revisar sus páginas. Los asesinatos de sus víctimas estaban anotados de su puño y letra: aparecía el nombre de cada mujer, cuándo la había matado —con la extraña leyenda de "se fue el [fecha del feminicidio]"—, su peso completo, así como el desglose de cada una de sus extremidades, desde la cabeza hasta cada seno.

Hacía una descripción de las partes del cuerpo humano emulando las que se hacen con los animales en un rastro: el feminicida había sido carnicero y no sólo cortaba los cuerpos humanos con la experiencia que acumulaba, también los pesaba como en una carnicería.

El álbum contenía además algunas identificaciones oficiales de las víctimas.

Entre las fotografías, los textos y los espacios en blanco, se observaban pequeñas manchas de sangre, pedazos de comida, vellos, pestañas… Lo que yo había sentido al tocar y manipular el álbum lo sentía cada persona que lo examinaba. A todos se nos revolvía el estómago al pasar cada página. Justo por ello, casi nadie de la producción se atrevía a manipular o revisar ese álbum por la sensación de horror que al tocarlo nos recorría. Incluso, nadie quería conservar el álbum en su oficina. Todos preferíamos tenerlo lejos y revisarlo manualmente era lo último que alguien quería hacer. Para evitar su manipulación física y los sentimientos que ello nos generaba, se decidió digitalizarlo en la productora. Ya digitalizado sería más fácil su revisión desde una computadora. El original se guardó, bajo llave, en los archivos generales de la producción. Nadie se interesó demasiado en dónde estaría.

En el álbum encontramos los nombres y datos de 54 mujeres. El primer registro data de 1989. A partir de 1991 fue incorporando más datos y creemos que fue ese año cuando empezó a incurrir en actos de canibalismo. Pocos asesinos seriales tienen registros de tantas muertes. Éste era sólo un álbum. ¿Habría otro? ¿Otros?

La Fiscalía sí resguardaba otras libretas y hojas sueltas con nombres de víctimas. ¿Cuántas mujeres más había matado? La noche de su captura, Andrés había revelado que mataba a dos mujeres por semana, pero nunca lo volvió a decir una vez que tuvo la asesoría de su defensor público.

¿CÓMO LO HACÍA?

Sabemos que mató durante 31 años, que su casa estaba repleta de miles y miles de restos óseos, que había otros predios propiedad del Caníbal que la Fiscalía no quiso investigar a pesar de las quejas de vecinos e inquilinos. El número que se pensara de mujeres asesinadas podía ser cierto. Pero la Fiscalía tenía suficientes huesos y no sabía qué hacer con ellos. No quería seguir investigando cuántas muertas tenía en su haber. Mientras más mujeres asesinadas se identificaran, la autoridades enfrentarían más problemas para explicar su inacción, su ineficiencia.

En el equipo pensamos que, una vez que se viera el álbum en la televisión, las autoridades de la policía o de la Fiscalía nos demandarían su entrega. El álbum, con tanta evidencia, era un insumo clave para la investigación. Pero, para nuestra sorpresa, nunca nadie nos lo pidió.

Poco más de un año después de exhibir el documental, pedí revisar el álbum para la elaboración de este libro. Sin embargo, no estaba en ningún lado. Tan sorpresivamente como llegó desapareció. En cierto sentido me sentí liberado. Era algo gravoso tenerlo. La producción me daría, en algún punto, todos los insumos con lo que se hizo la serie documental, incluido el álbum. Yo no quería tenerlo en mi oficina y menos en mi casa. De hecho, la mayoría de los miembros de la producción que lo manipularon para digitalizarlo, al acabar de usarlo, encendían copal para alejar los malos espíritus; otros pasaban a las iglesias a rociarse agua bendita. En mi caso, las veces que tuve contacto con el álbum, después de ello, evitaba ir directamente a mi domicilio; opté por ir a cafés o a librerías para que las "malas vibras" que yo sentía al sostenerlo en mis manos o los "malos espíritus" que en él habitaban se quedaran en otro lugar. Tocar ese álbum te llevaba al infierno. Incluso, tres años después de haberlo visto y hojeado, hablar o escribir de él cuesta mucho.

Los videos

En el sótano de la casa, El Caníbal había instalado un equipo rudimentario para grabar videos. En la Fiscalía tenían decenas de estos materiales, en los que se observaba lo que les hacía a sus víctimas. Los policías de investigación y ministeriales que los vieron sufrieron daño psicológico, según me comentó la fiscal del caso. A todos, añadió, se les estaba pagando terapia psicológica. Luego de saber ello nadie de la producción, yo incluido, quiso revisarlos.

El Caníbal grabó cómo abusaba sexualmente de sus víctimas y el proceso que seguía para desmembrarlas y comer algunas partes de ellas. Estas acciones no sólo evidenciaban los crímenes, sino también una premeditación fría y un deseo morboso de conservar un registro de sus actos inhumanos, una ventana estremecedora a la mente de un feminicida serial. Él revivía sus actos delictivos y experimentaba placer al verlos repetidamente. Lo había comentado Feggy Ostrosky: "Al llevar el registro puede revivir esa satisfacción, esos momentos de placer sexual que no era capaz de tener a nivel personal".

Las notas de la cadena de custodia de la Fiscalía señalan que se hallaron "28 piezas de casete de la marca Sony de 8 mm, 25 de éstos con textos en la portada. Asimismo, un casete en formato VHS con portada con la leyenda 'Tierra Sangrienta' y al interior una fotografía de una persona del sexo femenino. De igual forma, se encontraron 25 piezas de casete en formato VHS, con diversos títulos en portada y su respectiva caja". Así se asentaron algunos de los títulos con los que El Caníbal había nombrado sus filmaciones:

- Etiqueta color naranja con la leyenda "El agua que cae"
- Etiqueta color amarillo con la leyenda "En busca de la eternidad"
- Etiqueta color blanco con la leyenda "Maya"
- Etiqueta con la leyenda "Sólo adultos de 21 años"
- Etiqueta color rojo con la leyenda "Muy interesante el enigma de las pirámides"
- Etiqueta color gris con la leyenda "Mesopotamia"
- Etiqueta color blanco con la leyenda "Grecia"
- Etiqueta color gris con la leyenda "Arlex"
- Etiqueta color negro con la leyenda "México a través de su arte"
- Etiqueta de varios colores con la leyenda "Video primer"
- Etiqueta color negro con la leyenda "Las adolescentes"
- Etiqueta color gris con la leyenda "India"
- Etiqueta color amarillo con la leyenda "Jerusalén dentro de sus muros"
- Etiqueta color blanco con la leyenda "La nave de los dioses"

- Etiqueta color negro con la leyenda "Uxmal Chichenitzá"
- Etiqueta color amarillo con la leyenda "Los exploradores un siglo de descubrimientos"
- Etiqueta color negro con la leyenda "Las adolescentes"
- Etiqueta color gris con la leyenda "Egipto"
- Etiqueta color gris con la leyenda "Asia central"
- Etiqueta color blanco con la leyenda "Centinelas del silencio"
- Etiqueta color blanco con la leyenda "Paquimé la ciudad del desierto"
- Etiqueta color gris con la leyenda "Los aztecas"
- Etiqueta color blanco con la leyenda "Florida U. S. A."
- Etiqueta color negro con la leyenda "México antiguo Teotihuacán"

Otros tantos videocasetes estaban etiquetados explícitamente como los "recuerdos" de sus crímenes. En ellos, para hacer referencia a las mujeres que mataba, los identificaba con los nombres de sus víctimas, palabras como "descuartizada" y frases como "vino a la casa" o "se fue" en alusión a la hora de su muerte:

- "Sra. América vino a la casa el día sábado 8 de junio de 2013"
- "Martha Andrade se fue el día 18 a las 9 am 2 de diciembre de 2017 su peso 90 kilos"
- "Terminación 2 falta para grabar se completó con Diana López, 22 oct. Jueves se fue a las 5 de la noche de 2015 [ilegible]"
- "Filmado de Katia el día 16 de octubre de 2016 a las 14:30 hrs. falta grave la mitad de la cinta Katia de 96 kilos se completó con Martha Andrade Dorantes"
- "Sábado vino a la casa Sra. América 8 de junio 2013 núm. 1"
- "Núm. 2 descuartizadas Sra. Katia el día 16 de oct. de 2016 a las 14:30 hrs"
- "Núm. 1 Se fue Katia el día domingo a las 14:30 hrs. su peso 98 kilos"
- "Núm. 1 Se filmó el día jueves 22 de octubre de 2015 a las 20 hrs. Sra. Diana López Núm. '1'"
- "Cinta de Yadira #1 REC. De 19 de febrero de 2013 martes a las 24 hrs. O la una de la mañana se fue"
- "Yadira 2 Perla 1 Natalia 2 Yadira 2"

- "Núm. 2 de Diana López se fue día jueves 22 de octubre de 2015 a las 20 hrs."
- "Yesenia #1"
- "Día 2 de diciembre sábado se fue Marta Andrade de 2017 a las 9 am su peso 90 kilos #2"

En alguna de las varias entrevistas formales e informales que sostuvimos con la fiscal y su equipo, en sus oficinas centrales en Toluca, nos comentaron que algunos de estos videos habían sido solicitados por la Unidad de Análisis de Conducta (*Behavioral Analysis Unit*) del Buró Federal de Investigaciones (FBI) de los Estados Unidos. El trabajo de esta Unidad, que ha sido reseñado en varios programas de televisión y películas, incluye el analizar la motivación, la selección de víctimas y la sofisticación de notorios criminales, para elaborar patrones de conducta. El Caníbal sería, pues, uno de los casos de estudio y análisis en el FBI.

El sótano

En su declaración ministerial Andrés habló de cómo estaba distribuida su casa y mencionó "una bodega en la parte de abajo". Se refería al sótano, aquel donde Bruno encontró los restos de su esposa:

> Tengo 40 años viviendo en el predio en el que habito, en el cual vivo solo, ya que soy soltero, lugar en donde levanté la casa en las condiciones que se encuentra actualmente, que es la ubicada en calle Margaritas, lote 19, manzana 37, casa 22, colonia Lomas de San Miguel, Atizapán de Zaragoza, Estado de México. En este lugar tengo mi casa que son dos cuartos y una bodega en la parte de abajo [sótano], este espacio estaba destinado a fosa séptica, pero actualmente lo utilizo como bodega, mencionando que sólo yo tengo las llaves del cuarto. Asimismo, dentro de mi predio también hice unos cuartos de renta, el primero de ellos que se encuentra pegado a mis cuartos, se trata de una viejita de la cual no recuerdo bien su nombre, después de estos cuartos habita una pareja de nombres Consuelo Mondragón y Juan José Mejía Ramírez, quienes tienen también una niña como de doce años, después de ellos y ya en la salida del predio se localiza una accesoria que le rento a un médico, de nombre Fernández López.

En el sótano, la policía encontró restos óseos: el 90% de su ADN era femenino, lo que sugiere que también pudo haber asesinado a hombres, aunque nunca se había mencionado.

Se encontró la osamenta de un hombre adulto en lo más profundo del piso excavado. La presunción de los bomberos, por el lugar en donde se identificó, es que fue la primera víctima de Andrés; conjeturaron que ese hombre podría haber ayudado a Andrés a construir el sótano, y, una vez terminado, para que nadie supiera de su existencia, lo mató. También se descubrieron restos óseos de niños, probablemente de los menores que acompañaban a sus madres cuando iban a buscar a Andrés en su calidad de presidente de la colonia para que las ayudara.

La Fiscalía del Estado de México señaló que tan sólo en la casa de Margaritas había más de 4 mil 300 restos óseos.

Entre otras evidencias recabadas en el sótano por la Fiscalía, se anotó un "zapato tenis de niño, de color azul, gris, naranja y blanco de la marca con el logotipo Jordan del número 11"; la talla habría correspondido a un niño de uno a dos años. En una de las libretas con información enlistada por el propio Andrés, consta que una de las víctimas era el hijo de una mujer, aunque no aparece su nombre.

Aquellos 4 mil 300 restos óseos encontrados en la calle de Margaritas (una casa hecha con huesos), así como la ausencia de una búsqueda más exhaustiva en las otras propiedades de Andrés, siempre me generaron la duda de si la cifra de dos mujeres asesinadas a la semana era real o tan sólo una grotesca invención del feminicida. Nunca lo sabremos.

¿Cómo mataba a sus víctimas?

El Caníbal señaló en su declaración, de manera inconexa, cómo actuó con algunas mujeres (estas declaraciones transcritas son fuertes y difíciles de leer, por lo que se hace la advertencia respectiva):

> yo visitaba algunos bares, había una mujer que me llevaba al baile, esta mujer la conocí con el nombre de Karen o Perla, eso tiene aproximadamente veinte años, la conocí y me gastaba mi dinero con ella, pero como siempre me ganaba [eyaculación] antes de tener relaciones sexuales, me dio coraje y un día le dije que le iba

a dar un dinero extra, pero que fuéramos a mi casa, acordando la cantidad de $500 pesos, ya estando en mi casa estuvimos bebiendo y del coraje de lo que me había hecho tomé un cuchillo tipo cebollero y se lo clavé en el pecho a nivel del corazón, la desnudé y la hice cachitos, hice un agujero en mi cocina, donde dije que está la tierra sin cemento y la enterré, pero me quedé con sus cosas y pude ver su credencial de elector, su nombre era Norma Jiménez Carreón, como dije, esto sucedió hace veinte años aproximadamente; después de esa vez pasaron como otros diez años y visité un bar de nombre Marinera, ahí conocí a otra mujer que se hacía llamar Berenice Sánchez Olvera, sucedió la misma suerte, un día la llevé a mi casa y la maté también, enterrándole un cuchillo en el pecho, a nivel del corazón, ella estaba más guapita, pero también un poco llenita, la corté en pedazos y la enterré junto con la anterior; después de eso pasaron unos años más por ahí del dos mil doce, conocí a una mujer en el bar llamado El Barrigón que se localiza por donde está el Seguro Social, la clínica 72, esta de nombre Alin creo, también la llevé a mi casa para tener relaciones sexuales, después de eso le enterré el cuchillo en el pecho, en el corazón y la comencé a cortar, para poder enterrarla donde estaban las anteriores, la credencial de esta chica decía que se llamaba Flor Nínive Vizcaíno Mejía, del mismo bar, saqué a otra mujer que se hacía llamar Gardenia, como ya manipulación le sabía la invité a tener relaciones sexuales a mi casa a cambio de dinero, después de esto la maté también de la misma manera, yo sabía cómo cortarlas porque un tiempo hace unos años fui carnicero, a todas las enterré ahí en la parte de mi cocina donde no hay piso de cemento, siendo éstas las mujeres que maté en mi domicilio, de las que sé sus nombres, ya que guardé sus credenciales en mi casa, así como uno que otro recuerdo de ellas, ya que sus ropas las tiré o las quemé. Quiero decir que en mi casa tenía una cámara con la que grabé cómo corté a mi pareja de nombre Reyna, pero es a la única que grabé, ya que con las otras todavía no tenía cámara, esa cámara está en la parte de la bodega, es de color negro con gris, creo que la marca es Sony, de hecho se quedó con el caset adentro, por lo que otorgo mi consentimiento a que ingresen a la casa y busquen los cuerpos de las mujeres, así como de la cámara u otra cosa que sirva para resolver lo que hice, proporcionando mi consentimiento a que se me recabe muestra de sangre para el caso de ser necesario. Siendo todo lo que deseo manifestar por ser la forma en que sucedieron las cosas.

¿CÓMO LO HACÍA?

Ahora sabemos que estas declaraciones de Andrés eran la punta del iceberg. Había muchas más mujeres muertas y videos que daban cuenta de lo que les hizo y no lo había declarado. Andrés seguía mostrando rasgos de psicópata. La evaluación neuropsicológica, neuropsiquiátrica y de rasgos de personalidad detectó "rasgos significativos de psicopatías con predominio de los componentes interpersonales y afectivos que incluyeron: mentiras patológicas, engaños, manipulación, ausencia de remordimiento y culpabilidad, insensibilidad, falta de empatía, escasa profundidad en los afectos, así como ausencia de responsabilidad de sus acciones e impulsividad, falta de compromiso en las relaciones reflejada en vínculos inconsistentes, sin dependencia y no confiables". Además, señala que Andrés tiene "un fuerte resentimiento hacia la figura femenina por sentirse desplazado por ellas".

Tiene un manejo indebido de sus impulsos, "en particular los sexuales que han sido reprimidos, negando cualquier posibilidad de goce a nivel sexual; ante los impulsos agresivos, trata de ejercer un control excesivo que en general no le es útil" y "cuando utiliza la violencia lo hace a sangre fría y de manera instrumental, directa, sencilla y metódica; para él la violencia es simplemente una cuestión de procedimiento, su conducta violenta carece del componente afectivo o emocional... Su reacción ante el daño que causa es una fría indiferencia, una sensación de poder, placer o satisfacción personal sin mostrar remordimiento o preocupación por lo que ha hecho".

Con la evidencia encontrada y varios frascos con sustancias químicas, es probable que les hiciera perder el conocimiento para luego matarlas, generalmente con un cuchillo.

En cuanto al feminicidio de Reyna, fue mucho más explícito y grotesco (estas declaraciones transcritas son fuertes y difíciles de leer, por lo que se hace la advertencia respectiva):

el día viernes catorce de mayo de dos mil veintiuno, al ser aproximadamente las diez u once de la mañana llegó a mi casa la señora Reyna, estuvimos en mi cocina... [me llegó un] coraje y tomé un cuchillo cebollero con el cual le corté el cuello, después de esto, como no se moría, la tomé del cabello y comencé a golpearla en contra del suelo para que ya no sufriera y se muriera rápido, le quité la ropa y la arrastré a mi cuarto [sótano], la subí a una mesa que tengo y es entonces que comencé a cortarla, primero la pierna derecha a nivel de la cintura hasta desprenderla, continué con la otra pierna, continué con el brazo derecho y después el izquierdo, no le troné los huesos, sino que corté los nervios para poder desprenderlos, continué cortando del pecho a la cintura hasta que tronó para poder desprenderlos, continué cortando del pecho a la cintura hasta que tronó y pude abrirla, sacándole las tripas, las cuales eché en una cubeta, al igual que el corazón y los pulmones, todo lo de adentro lo eché en una cubeta, después le corté la cabeza a nivel del cuello, ya con la cabeza cortada la vi que estaba guapa y dije voy a ver qué pasa y comencé a quitarle el rostro, es decir, con el cuchillo le fui cortando el cuero hasta quitarle, por decir, como una máscara, después le corté todo el cuero cabelludo, todo esto lo hice en la parte de mi recámara y después lo bajé a la bodega que tengo, una vez abajo, empecé a cortarla en forma de bisteces, sacándole la manteca la cual eché en otra cubeta, como había muchas moscas, decidí echarle sal a la carne, dejando todos los restos ahí, ya que no sabía qué hacer, más tarde compré molleja de pollo la cual hice en salsa verde y permanecí en mi casa, en donde dormí, al día siguiente sábado quince de mayo de dos mil veintiuno, hice mis cosas normal, fue ya por la noche, aproximadamente a las veinte horas con treinta minutos que comenzaron a tocar el zaguán, mi vecino abrió el zaguán y entró el esposo de Reyna, una mujer y también mi vecino, me tocaron y empezó a preguntarme que dónde estaba su esposa, los dejé pasar a buscar, ya que yo había tapado la entrada a la bodega [sótano] con unas tarimas, pero comenzaron a revisar y descubrieron dónde la tenía, entonces aprovechando que estaban abajo yo me fui de mi casa, hasta que me agarraron.

Después de revisar su declaración, le preguntamos por qué la mató y desmembró. Respondió: "Pensaba yo, para no tirarla lejos… sé lo que es poquito, tengo sábanas, pensé, la envuelvo y la entierro aquí, porque, pobre, ¿no?, ¿cómo la voy a llevar a tirar [a otro lugar]? No es un animal, no, pobre".

El acta médica y de necropsia de Reyna confirman lo dicho por el feminicida: "Se trata de segmentos corporales desmembrados y desarticulados correspondientes a un cadáver fenotípicamente femenino. Presentaba un traumatismo penetrante de región cervical, mismo que laceró las estructuras neurovasculares de forma bilateral, así como datos de un traumatismo craneoencefálico severo (fractura de bóveda y piso craneal), además de desmembramiento".

Su paso como carnicero en un rastro, la experiencia que había adquirido al desmembrar a tantas mujeres por tantos años y lo que había aprendido de anatomía a partir de varios libros que se encontraron en su casa convirtieron a Andrés en un instrumento del mal para asesinar con gran eficacia.

Cosificación y genitales como trofeo

Los apuntes, videos y las acciones del Caníbal cosificaban a la mujer de una forma pocas veces vista, incluso para México, un país hundido en una crisis de feminicidios. Pero, por si todo lo antes descrito no fuera suficiente, tanto los bomberos como los policías entrevistados afirmaron que guardaba "trofeos" de muchas de sus víctimas. Algo común entre los asesinos seriales, quienes, a menudo, se quedan con ropa o recuerdos de sus crímenes. Muchos otros guardan cosas más macabras. Éste es el caso de Ted Bundy, en los Estados Unidos, un feminicida serial que en la década de los setenta mató a una treintena de mujeres y conservó como "trofeos" 12 cabezas. Bundy justificó los cráneos diciendo: "Cuando trabajas arduamente por algo, no lo quieres olvidar".

Los policías y bomberos refirieron que Andrés les quitaba a las mujeres gran parte de la piel. A través de los años adquirió experiencia en ello. Incluso lo narró a la Fiscalía cuando describió lo que hizo con Reyna. Las autoridades encontraron piel de mujer enredada como "pergaminos", particularmente la de las vaginas de sus víctimas. Ésos eran sus trofeos. Le tomó años perfeccionar su técnica, nos comentaron, pues, según mostraron los videos, esa delgada parte del órgano sexual femenino se rasgaba cuando se extraía sólo la piel. Para conservar todo intacto, cosía la vagina con aguja e hilo de suturar; luego levantaba la piel del cuerpo con un fino cuchillo y la trataba con sal. Así fue como los policías encontraron aquellos tejidos.

Mientras más se sabía de Andrés, se bajaba más profundo al abismo de la miseria humana, como en los círculos del infierno de la *Divina comedia*. Había violentado, violado, matado, comido, regalado su carne, profanado y hecho trofeos a decenas de mujeres.

El reporte de la psicóloga añade elementos de esto que hacía: la "cosificación y deshumanización [de Andrés] le permite golpear, matar y torturar como lo hacía con los animales. El canibalismo sexual es considerado como una forma de sadismo sexual y frecuentemente está asociado con la necrofilia [tener sexo con cadáveres]. Es probable que sólo podía alcanzar la excitación sexual durante el asesinato y la ingestión de sus víctimas. Como se observa en la masturbación en uno de los videos".

Si bien la bitácora de Andrés nos daba el número de cuando menos 54 mujeres asesinadas, nunca sabremos el número real de víctimas, pues Andrés ha guardado silencio, salvo los breves comentarios que les hizo a los policías al momento de su detención. La Fiscalía se rehusó a revisar el ADN de los miles de huesos que tenía en su custodia; de hecho, al tenerlos a la intemperie, se fueron descomponiendo. Tampoco inspeccionaron otras propiedades del Caníbal, donde sus inquilinos decían que había partes "huecas" en pisos y paredes. Por la cantidad de años que cometió feminicidios (31), por la cantidad de carne que regalaba y vendía (hasta comerciaba con ella en su casa) y por la cantidad de restos óseos encontrados en su domicilio, el número real de víctimas podría rondar los cientos de mujeres.

La hermana "desaparecida" del Caníbal

A lo largo de la investigación periodística, buscamos en innumerables ocasiones a la hermana del Caníbal, Amalia Mendoza. Los vecinos nos dijeron que la conocían y que era dueña de una propiedad a escasos metros de la casa de Margaritas. Tanto ellos como los inquilinos a los que les cobraba renta por habitar en su propiedad coincidieron en que de un día para otro desapareció.

Andrés les comentó a los inquilinos que a partir de ese momento él cobraría la renta del inmueble de su hermana, ya que ésta había viajado a Oaxaca. Se les hizo extraño, pero lo consintieron. Después de todo, era su hermano y lo conocían bien, pues, además, recordemos, ocupaba el cargo de presidente de la colonia.

Intentamos localizar a la hermana de Andrés en el lugar a donde él mismo dijo que se había ido: Oaxaca. Pero tanto en la casa que uno de sus familiares tenía en Oaxaca capital como en su pueblo natal, San Sebastián Río Dulce, se le buscó exhaustivamente y nadie la vio llegar. En la presidencia de Zimatlán tampoco había registros, ni solicitudes de ella. Sencillamente no hay indicio alguno de que Amalia Mendoza hubiera llegado a Oaxaca.

¿CÓMO LO HACÍA?

Incluso, luego del proceso penal y de todo el escándalo mediático en torno al Caníbal, Amalia nunca apareció. Jamás fue al juicio ni a la prisión a ver a su hermano. Más revelador, tampoco regresó a cobrar la renta de sus inquilinos. De hecho, con Andrés en la cárcel, éstos ya no le pagaban renta a nadie. De seguir viva, y dadas las carencias con las que vivían, difícilmente habría renunciado ella a esos ingresos mensuales.

Luego de todo lo acontecido y encontrado, entre familiares, vecinos y policías circula la creencia de que Andrés asesinó a su propia hermana y, como era su costumbre, cometió actos de canibalismo para desaparecer su cuerpo.

Sin embargo, en las bitácoras y en los videos del Caníbal no hay anotaciones ni indicios sobre su hermana, pero nunca más nadie la volvió a ver. Las autoridades del Estado de México tampoco hicieron nada por buscarla. Sencillamente desapareció.

La familia Portillo González días antes de la desaparición de Reyna.

Ficha "Odisea", levantada por la familia de Reyna González, a horas de su desaparición. Con esta denuncia empezó su búsqueda.

Local comercial de Reyna, en donde tenía un pequeño negocio de aditamentos para celulares. Andrés Mendoza, *El Caníbal*, era uno de sus proveedores.

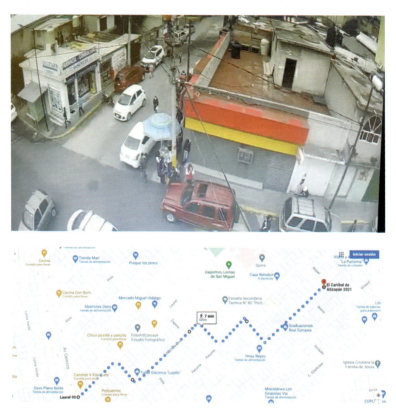

Imágenes del centro de videovigilancia (C-4) de Atizapán. La primera deja ver a Reyna, con chamarra azul y bolso café, caminando frente a una farmacia. La segunda, el mapa que elaboraron sobre su recorrido a la casa de Andrés Mendoza.

Esta escalera dirigía a un sótano secreto en la casa de Andrés Mendoza, donde filmaba y mataba a sus víctimas.

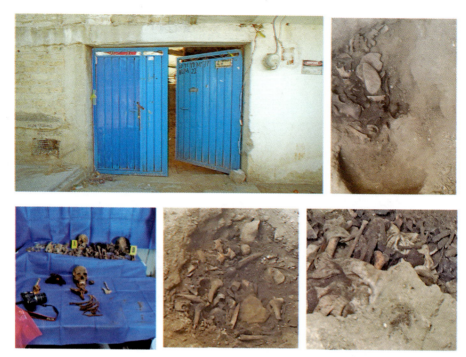

Portón de la vecindad propiedad de Andrés Mendoza, en la calle Margaritas. Las habitaciones de la misma estaban construidas con huesos. Asimismo, en la casa había restos humanos sepultados en piso, sótano y macetas.

Restos óseos y prendas femeninas enterradas en varias partes de la vecindad en la calle Margaritas.

Mesa en el sótano del Caníbal, en donde filmaba videos de sus víctimas. Imagen encontrada en los archivos de la Fiscalía.

En las evidencias de la Fiscalía aparece una máscara estilo bozal, la cual usó El Caníbal en varios videos a manera de imitar al personaje de Hannibal Lecter en la película *El silencio de los inocentes* (1991).

Libretas de Andrés Mendoza donde apuntaba los nombres de sus víctimas, su peso completo y desglosado por partes. Ejemplo de la cosificación que hacía de ellas.

Se encontraron decenas de videos, grabados por El Caníbal, de lo que les hacía a sus víctimas.

Un registro morboso para conservar y revivir sus actos delictivos, lo que le producía placer.

Letrero encontrado en la vecindad propiedad del Caníbal, anunciando la venta de "carnitas y chicharrón".

Del video que grabó el comandante Bruno se hicieron ampliaciones digitales y en el piso del sótano de la casa aparecen rostros cadavéricos que se forman con sangre y tierra del lugar. En este piso se encontraron más restos óseos. ¿Fue una situación paranormal?

Andrés Mendoza Celis en la cárcel de Tenango del Valle, donde estaba aislado del resto de los reclusos para evitar atentados contra su vida.

El Caníbal hizo campaña política a favor del alcalde de Atizapán, Pedro Rodríguez. Su activismo y cercanía con la gente hizo que se le eligiera presidente de su colonia, Lomas de San Miguel, lugar donde asesinó a personas por décadas.

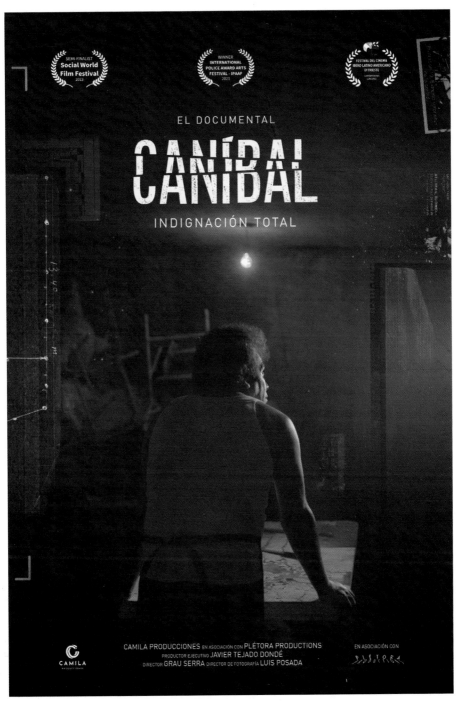

Cartel del documental *Caníbal, indignación total*, que retrató la historia de los feminicidios perpetrados por Andrés Mendoza.

CONVENIO ESPECÍFICO DE COLABORACIÓN QUE CELEBRAN LA SUPREMA CORTE DE JUSTICIA DE LA NACIÓN, EN LO SUCESIVO "LA SUPREMA CORTE", REPRESENTADA EN ESTE ACTO POR SU PRESIDENTE, MINISTRO ARTURO ZALDÍVAR LELO DE LARREA; Y EL SEÑOR JAVIER TEJADO DONDÉ, EN LO SUCESIVO "EL AUTOR"; A QUIENES DE FORMA CONJUNTA SE LES DENOMINARÁ "LAS PARTES", RELATIVO A LA COPRODUCCIÓN DE OBRA AUDIOVISUAL, CONFORME A LOS ANTECEDENTES, DECLARACIONES Y CLÁUSULAS SIGUIENTES:

ANTECEDENTES:

ÚNICO. Con fecha 10 de octubre de 2021, "EL AUTOR" presentó un escrito a "LA SUPREMA CORTE" para solicitar la celebración de un Convenio Específico de Colaboración, por medio del cual se unan esfuerzos para llevar a cabo la coproducción de una Película o Serie (según dicho término se define mas adelante), así como la explotación comercial de la misma, de conformidad con los términos y condiciones establecidos en el presente Convenio Específico Colaboración, respecto del "Guion" (según dicho término se define más adelante) y los "Materiales" (según dicho término se define más adelante), que versan sobre el tema periodístico del asesino serial de Atizapán de Zaragoza en el Estado de México, que tentativa o definitivamente será llamada "El Caníbal de Atizapán o Los Caníbales de Atizapán".

3 de 28

V. "LA SUPREMA CORTE" cuenta con un canal de televisión restringida llamado "Justicia TV" mismo que se transmite como reserva de Estado por varios sistemas de televisión y audio restringidos, y desea celebrar el presente Convenio Específico Colaboración para llevar a cabo la coproducción de la Película o Serie con "EL AUTOR", en virtud de que el tema y desarrollo de la Película o Serie apoya el compromiso de este Alto Tribunal con la política de cero tolerancia y combate a la violencia contra las mujeres y los feminicidios.

VI. Para los efectos legales de este convenio "LA SUPREMA CORTE" señala como domicilio el ubicado en José María Pino Suárez número 2, Colonia Centro, Delegación Cuauhtémoc, Código Postal 06065, Ciudad de México.

Declara "EL AUTOR" que:

I. Es una persona física con capacidad para suscribir el presente Convenio Específico Colaboración y que se identifica con credencial para votar del Instituto Nacional Electoral número: 0774050552824.

II. Tiene la titularidad de diversa información confidencial escrita y audiovisual, así como propiedad intelectual, incluyendo el "Guion" (según dicho término se define más adelante) que contiene narrativa e indicaciones técnicas con las que se pueden producir una obra audiovisual con una duración aproximada de 120 (ciento veinte) minutos (todos los anteriores serán considerados los "Materiales"); que versará sobre el tema periodístico del asesino serial de Atizapán de Zaragoza en el Estado de México, que tentativa o definitivamente será llamada "El Caníbal de Atizapán o Los Caníbales de Atizapán" (en adelante la "Película o Serie").

III. No recibirá salario o contraprestación alguna por parte de "LA SUPREMA CORTE"; asimismo no presta para ese Alto Tribunal trabajo personal subordinado alguno, por lo que no se encuentra vinculado de ninguna manera con la institución.

Convenio de colaboración con la scjn en el que se acordó que cederíamos nuestros derechos autorales para el serial y no recibiríamos pago alguno por la investigación que se realizó sobre El Caníbal y sus feminicidios.

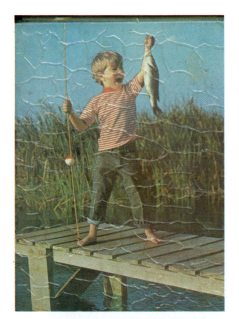

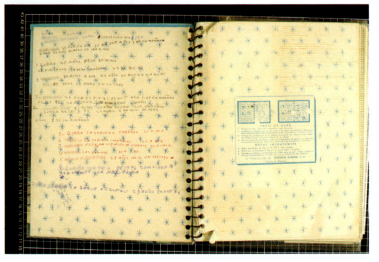

El Caníbal usaba este álbum de fotos familiares con la portada de un niño pescando para anotar los detalles de sus víctimas. Aquí ponía el nombre de cada mujer, cuándo la había matado —con la extraña leyenda de "se fue el [fecha del feminicidio]"—, su peso completo y desglosado por "partes".

Andrés Mendoza, *El Caníbal,* durante su juicio penal en donde se le condenó a prisión vitalicia.

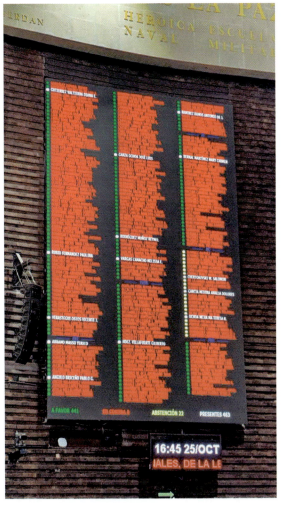

La investigación y la visibilización del caso de Reyna hizo que actores públicos relevantes se involucraran para empezar a resolver los temas de feminicidios en México. La imagen muestra el tablero en la Cámara de Diputados cuando se aprobó la llamada "Ley Reyna".

Imágenes de la vecindad de Andrés y alrededores una vez que se supo del gran número de feminicidios ahí cometidos. Algo que nunca debió haber pasado.

9

El juicio y la sentencia

El juicio y el video de Reyna

Luego de 10 meses de su detención, El Caníbal estaba enfrentando su juicio en el penal y distrito judicial de Tenango del Valle. El juez que llevó el caso fue Víctor M. Mejía. En este centro de reclusión estaban procesados varios asesinos y feminicidas seriales. Se pensaba que varios de éstos eran unos "monstruos", pero cuando llegó El Caníbal y se empezó a conocer el alcance de sus delitos, él se convirtió en el verdadero monstruo y a los demás los carceleros los denominaron "monstruitos".

A manera de antecedente, y tal como ya lo habíamos adelantado, el presidente del Tribunal Superior de Justicia del Estado de México, Ricardo Sodi, se interesó mucho en el tema y, en total transparencia, nos ayudó a obtener información. Para ello me enlazó con la jueza y consejera de la Judicatura de ese estado, Edna Edith Escalante Ramírez, quien me invitó al juicio de Andrés.

En él, como parte de las evidencias contra El Caníbal, la Fiscalía pidió permiso para presentar el video que registraba lo que Andrés le había hecho a Reyna. El juez le preguntó a Bruno si se quería salir de la sala para no revivir el feminicidio de su esposa. Pero Bruno decidió quedarse. Y nosotros, la producción, también. (Esta escena transcrita es gráfica, fuerte y difícil de leer, por lo que se hace la advertencia respectiva):

En el video, primero se ve el cuerpo inerte de Reyna en una estancia. El Caníbal la penetra. Posteriormente, el cuerpo aparece en el sótano. Es grabado desde el pedestal que describió el capitán de bomberos. Se ve cómo va destazando a Reyna. El feminicida está desnudo, sólo tiene puesto un mandil de piel, como el usado por Hannibal Lecter, en el cual guarda algunos instrumentos punzocortantes. Va cortando el cuerpo metódicamente y desprendiendo sus extremidades y piel. En un momento extrae los ovarios de la víctima y se los come. Sigue desmembrando el cuerpo hasta llegar a su corazón, el cual saca y levanta con su mano como emulando un rito y empieza a comérselo. Todos en el juzgado estaban asqueados. El juez tenía dificultad para sostener la mirada en el video. Bruno bajó la mirada al piso para no volver a verlo. Yo giré la cara hacia el lado contrario a la pantalla, y entonces vi al Caníbal en la celda de cristal donde permanecía recluido. Era la primera vez que estaba atento al juicio. Siempre se había mostrado distraído y desinteresado. El video había llamado poderosamente su atención. Incluso se percibía que estaba excitado sexualmente al interior del espacio de reclusión desde donde estaba ubicado en la Sala de juicios orales. Justo lo que nos había alertado la psicóloga: a través de los videos revivía estos momentos y se volvía a excitar sexualmente. Fue un momento de horror.

Feggy posteriormente nos explicó: "Para Andrés el comerse a la víctima es un acto de odio y de enorme hostilidad para con las mujeres. Cuando él se come las partes, escoge comerse el corazón porque probablemente es el alma, y eso lo vemos mucho en el canibalismo ritual. Se está comiendo la esencia de esa persona y esa persona que no lo quiso a él… Es un absoluto control y poder sobre su víctima, el ingerir su corazón, su alma".

Luego de este hecho tan grotesco, el juez declaró un receso. En este momento, dado que yo estaba acompañado por la consejera Escalante Ramírez, le expliqué que de toda nuestra evidencia no encontrábamos indicio alguno de que Reyna hubiera sido la amante del Caníbal. Todo lo contrario, no había videos de ella teniendo relaciones sexuales con él, como sí había de otras víctimas; no había reporte de semen en su vagina. No nos parecía que hubiera ninguna afinidad, dado lo bien parecidos que eran ella y su marido y, sobre todo, la gran diferencia de edades con Andrés: 38 años. Además de que El Caníbal nos había relatado en la entrevista que su enojo venía de que ella no se había querido acostar con él.

Después de ver ese video y con los hechos pormenorizados a la consejera, le pregunté si la única forma de declarar un feminicidio era asentando que había una "relación sentimental" entre víctima y victimario. Me contestó que no, que había otros elementos para tipificar ese delito. Si bien señaló, el Código Penal sí determinaba que el feminicidio se tipificaba al haber existido entre el activo (el feminicida) y la víctima una relación sentimental, también podría haber otras opciones, como serían: "signos de violencia sexual", "mutilaciones infamantes o degradantes" o incluso "por haber existido una relación meramente afectiva o de confianza" entre víctima y victimario.

Le pregunté a la consejera si era justo que Bruno, pero sobre todo que las dos hijas menores de Reyna con Bruno tuvieran que vivir con una sentencia judicial en la que, sin mayor prueba que unos dichos forzados, se establecía tal "relación sentimental". Algo en lo que había insistido la Fiscalía revictimizando a la familia de Bruno, a cambio de un proceso expedito y de recibir más dinero como compensación del gobierno. ¿No era acaso suficiente perder a su esposa y madre de sus hijas? ¿No era lo peor de su vida haber visto el video de Reyna siendo desmembrada y comida? Estuvo de acuerdo conmigo y fue a ver al juez.

Unos 10 minutos después el juicio reinició, y ella, la consejera, volvió a sentarse junto a mí. El juez nos miró. Desde su tribuna asintió levemente con la cabeza y dio un mazazo para reiniciar el juicio. Pensé que algo se había logrado.

La sentencia

El juez Mejía inició exponiendo las inconsistencias en la investigación de la Fiscalía, empezando por no haber investigado a los inquilinos del Caníbal. Algo que, recordemos, también se le había hecho extraño a la alcaldesa de Atizapán, Ruth Olvera.

"Este juzgador, del contexto de lo desahogado, da instrucciones al Ministerio Público para realizar una mayor investigación. La estructura de ese domicilio [el del Caníbal], tipo vecindad, por decirlo con todo respeto, porque además se habla de un patio, el cateo indicó que tiene unas medidas de 4.50 por 14.10. Cualquier persona que entrara o saliera por ahí, y más si estaba en esa azotea, era visible. No había forma de que [los vecinos] no lo pudieran ver, porque es el único pasillo que hay y es el distribuidor que hay en la vivienda, estas personas tenían años viviendo en ese inmueble. Queda a cargo del Ministerio Público el poder establecer si resulta alguna responsabilidad a las personas [inquilinos] que se encontraban en ese domicilio".

El juez dio un plazo de 10 días para que la Fiscalía entregara dicha investigación y continuó:

"Cuesta trabajo ubicarse en una realidad tan atroz, desmedida, deshumanizada. Este ritual poco usual que vuelve a referir este juzgador en donde usted como trofeo hace una ceremonia mostrando antes de comerse ese corazón, colocándolo en su mano... El hacer esa exposición que todos observamos, tipo animal, y que vuelve a reiterar a usted como un depredador humano, con el respeto que me merece".

Lo que Andrés le hizo a Reyna era algo que el juez no había visto en sus 35 años como impartidor de justicia:

"Es uno de los asuntos más complicados que ha atendido este juzgador bajo su potestad. Existe una violencia total de género como lo señala este juzgador, son actos lascivos totalmente para esta persona, y sin dejar pasar [que] existen otras personas que perdieron a manos de usted la vida. La creencia arraigada de que la mujer es un objeto, que es una persona de menor valor y que es susceptible de ser castigada de manera infinita. Lo que este juzgador considera que, con el respeto que usted me merece, señor acusado, usted llevaba a cabo [es] una actividad de depredador humano".

Y entonces vino el momento que más esperaban Bruno y su familia: poder echar atrás el argumento de la Fiscalía de que Reyna había sido la amante del Caníbal:

"Se considera la fracción IV, pero únicamente por la relación afectiva o de confianza, NO así por la relación sentimental, no se pudo establecer si en realidad [Reyna] tenía esa relación sentimental con usted, señor Mendoza Celis".

A tres horas de transcurrido el juicio, el juez dictó la sentencia dentro de la causa penal 3/2022 del Tribunal del Enjuiciamiento del Distrito Judicial de Tenango del Valle, Estado de México:

"Existe una violencia total de género como lo señala este juzgador. Este juzgador considera que el hecho delictuoso de feminicidio se encuentra debidamente justificado. Se le suspenden sus derechos políticos y civiles y se establece la prisión vitalicia. Se da por formalmente concluida la diligencia".

El Caníbal no se inmutó con su sentencia. En cambio, el equipo de la producción y yo sentimos un respiro al escucharla y ver que por fin se estaba haciendo justicia para Reyna, pero también para Bruno.

Al salir del juzgado Bruno y yo cruzamos puertas distintas. Una vez afuera, en una explanada, hicimos contacto con la mirada. Nos acercamos el uno al otro y nos abrazamos. Él me dijo al oído: "Gracias por confiar en mí. Fueron los únicos que nunca me dejaron solo". Y en ese momento ambos lloramos como haciendo catarsis de todo lo vivido. La escena la presenciaron dos importantísimos miembros de la producción: Ana Teresa Villa, responsable de la investigación periodística, y Francisco Casasús, coproductor de la serie.

El objetivo de todos se había logrado: hacer justicia para Reyna y su familia. Ahora, faltaba terminar el documental y exhibir el material para prevenir otros feminicidios y, sobre todo, mejorar el actuar de las autoridades.

Denegación de justicia

Es difícil creer que Bruno pudo encontrar al asesino de su esposa en tan solo 24 horas, pero que las autoridades no pudieron dar con un feminicida que mató mujeres durante 31 años. Este caso representa la mayor evidencia de lo "fácil" que es cometer cientos de crímenes atroces cuando hay un sistema de justicia fallido que, en lugar de proteger, hace más daño y revictimiza.

Gracias a Bruno y a su familia, El Caníbal está tras las rejas y purgando una de las pocas sentencias vitalicias en México. Luego de este juicio se han dictado siete sentencias adicionales sobre Andrés, pero muchas familias siguen buscando justicia en este terrible caso. No obstante, difícilmente la tendrán. Si bien Andrés ya no saldrá de prisión, el resto de los casos no han sido procesados legalmente ni investigados.

Son muchas las mujeres que Andrés y las autoridades han invisibilizado, por las que nadie averiguó, por las que no se hizo justicia o por las que, tal vez, por falta de recursos o negligencia de las autoridades, sus familias sufren sin saber cuál fue su destino.

En el imaginario colectivo yacen los rostros y voces destrozados de los familiares de las víctimas. No sólo tuvieron que sufrir por la pérdida de su ser querido, sino que también enfrentaron la indiferencia de un sistema de justicia cruel. Como muestra de ello, la experiencia de Armando Gallegos, padre de Rubicela Gallegos, quien desapareció camino al Aeropuerto Internacional de la Ciudad de México para recoger a su hermana. La reportera especializada en casos de feminicidios para N+ (TelevisaUnivision) asegura: "[Cuando el padre de Rubicela] fue a denunciar la desaparición de su hija, el comandante que estaba a cargo del caso les dijo que él podía sacar la sábana de llamadas de su hija, pero que necesitaba dinero, a lo que el señor Armando le dijo que sólo contaba con 500 pesos; se los dio, sin embargo, la sábana nunca llegó a sus manos y, hasta el día de hoy, no saben cuál fue el último contacto de su hija".

O la experiencia que vivió Silvia Mejía, tía de Flor Nínive Vizcaíno Mejía, una *hostess* de un bar en Atizapán, otra víctima de Andrés. Silvia narró que les pidió a las autoridades agilidad para que lo que encontraran de su sobrina se lo hicieran llegar. "Para que pueda darle una sepultura como ella se lo merece… Las autoridades jamás se aparecieron, fui a Odisea, a Barrientos, a la Fiscalía de Tlalnepantla, y de ahí jamás, jamás, jamás se aparecieron".

Los casos de Rubicela Gallegos y Flor Nínive Vizcaíno fueron una revictimización para las familias. Luego de la emisión del documental, sus casos se agilizaron y, por ambos, Andrés, El Caníbal, fue llevado a juicio, por lo cual volvió a recibir sentencias condenatorias vitalicias.

De los miles de restos óseos encontrados, además de los tres casos descritos —Reyna, Rubicela y Flor Nínive—, hay sentencias condenatorias por los feminicidios de Berenice Sánchez Olvera, desaparecida en 2012 a sus 20 años; Norma Jiménez Carreón, desaparecida en 2011 a sus 41 años; y Alyn "X" y Gardenia "X", dos mujeres que conoció Andrés en un bar llamado El Barrigón, a quienes cortejó con el fin de entablar relaciones sentimentales. Ambas lo rechazaron y fueron asesinadas en fechas distintas. Así, al momento de escribir este libro, apenas hay siete sentencias contra Andrés. ¿Y del resto de los casos? Al parecer la Fiscalía decidió no seguir gastando recursos en más juicios contra Andrés, el feminicida. Éste cuenta con varias sentencias vitalicias y, al ya no poder salir de la cárcel, prefirieron no abrir más juicios, lo que en los hechos significó abandonar al resto de las víctimas. Decenas, quizá cientos de mujeres asesinadas, así como sus hijos, seguirán como desaparecidos y sin justicia para ellos o sus familias.

Por la indignación que todo esto nos provoca y el crudo retrato de un país en el que están matando mujeres, niñas y adolescentes impunemente, como si fuera un mal inevitable, es que este proyecto comprometió a tantos.

No podemos olvidar que México es uno de los países donde se registran más feminicidios: diariamente son asesinadas 11 mujeres, según datos oficiales. Esta cifra no incluye a miles de desaparecidas. Los números duelen profundamente y nos exigen un cambio como sociedad para poner fin a las conductas violentas contra las mujeres. Sólo así es posible sentar un precedente para que todas las víctimas puedan tener un acceso efectivo a la justicia.

10

Lanzamiento de la serie documental

Censura

La serie *Caníbal, indignación total* fue un documental audiovisual de cinco capítulos que retrata la historia de los feminicidios perpetrados por Andrés Mendoza Celis, un criminal que durante más de 30 años asesinó a mujeres con total impunidad. Aborda el impacto que estos hechos tuvieron en la sociedad y analiza las fallas del sistema de impartición de justicia en México y los efectos devastadores que éstas generan. El documental parte de un caso particular, pero permite entender lo que ocurre en México con las víctimas, con las autoridades y con la sociedad en general.

Una vez que se anunció la transmisión del documental en televisión abierta, programado para el 27 de junio de 2022, el recién llegado alcalde de Atizapán, Pedro Rodríguez Villegas (2022-2024), y el regidor Alfredo Agustín intentaron inhibir su difusión. De acuerdo con el nuevo gobierno municipal de Atizapán, que había sucedido al de la alcaldesa Ruth Olvera, no querían que se transmitiera por el desprestigio que le generaría al municipio y por estigmatizar a los atizapenses. Así, la prensa reportó intentos de censura y que se presentaría un juicio para evitar que el documental fuera exhibido.

Incluso, el alcalde declaró a los medios: "Creo que debemos hacer la lucha [para evitar su transmisión] hasta el último momento… y comparto la idea, efectivamente, de que de nada sirven todas las acciones que estamos haciendo [en Atizapán] para que al final del día con esa difusión del serial se perjudique tanto la imagen del municipio".

Ante ello, el presidente de la Corte, Arturo Zaldívar, contestó: "Durante 31 años esta persona [Andrés Mendoza] mató mujeres y nadie las buscó, y este funcionario público [el alcalde Rodríguez Villegas] está preocupado por que no se vaya a mencionar el nombre del municipio. ¿Qué se pretende esconder? ¿A qué se le tiene miedo? ¿Que no se sepa en qué lugar las mataron?". Asimismo, la Corte montó una estrategia de defensa legal, en caso de que algún juzgado apoyara censurar el documental.

La realidad del intento de censura es que El Caníbal formaba parte del equipo de campaña de Pedro Rodríguez Villegas. Tan es así que en la casa del feminicida colgaba una manta de apoyo al entonces candidato a alcalde de Atizapán y, cuando llegaron los oficiales de policía a detenerlo, El Caníbal amenazó que los acusaría con Rodríguez Villegas y que cuando ganara las elecciones perderían su trabajo. También, como presidente de la colonia, Andrés participó en la planeación de eventos de la campaña del candidato.

En el documental no mencionamos nada del apoyo electoral que daba El Caníbal al candidato, pues, aunque hubiera sido un escándalo, sencillamente no había pruebas de que Rodríguez Villegas conociera los crímenes de Andrés.

Si bien Rodríguez Villegas no logró censurar el documental, sí cobró venganza contra uno de sus protagonistas, Jonathan González, el capitán y jefe de bomberos de Atizapán más joven de todo México. Por su papel de hilo conductor en la serie documental, una vez que Rodríguez Villegas llegó a la alcaldía, despidió a Jonathan.

El presidente de la Corte, Arturo Zaldívar, no podía creer lo acontecido y, entonces, para no dejar a Jonathan sin trabajo por su participación en el documental, lo contrató en el área de Protección Civil del Poder Judicial Federal. Relatar lo sucedido para prevenir a las mujeres de lo que acontecía en Atizapán le había costado a Jonathan su sustento.

Éste era el segundo intento de censura oficial sobre la serie: el primero, como narramos, fueron las amenazas a los policías y bomberos desde la Fiscalía para que no contaran nada de lo que habían visto o vivido en la casa de Andrés.

Recepción de la audiencia

El objetivo de la serie documental era mostrar a la sociedad las atrocidades que existen en la vida cotidiana para generar conciencia y, sobre todo, para alertar a las mujeres y exigir una mejor respuesta en la prevención e investigación de los feminicidios mostrando las consecuencias para los responsables y con ello inhibir que estos delitos sigan ocurriendo.

El canal del Poder Judicial —Justicia TV— era la opción que ya teníamos asegurada para transmitir la serie. Si bien el canal estaba disponible en todos los sistemas de televisión restringida del país, su audiencia era muy limitada.

Por eso buscamos una cita con los copresidentes de TelevisaUnivision, Bernardo Gómez y Alfonso de Angoitia. La empresa que dirigen tiene los canales con la mayor audiencia en México. Se les comentó del proyecto y nos dejaron mostrarles el documental, a fin de que pudieran definir si nos daban un canal adicional de televisión restringida o —idealmente— alguno de señal abierta. Cualquiera sería importante para nosotros. Esperábamos el Canal 9, dado que el tipo de programación de éste incluía series policiacas similares a nuestro documental. Cuando lo vieron, quedaron impresionados y tuvieron un gesto muy solidario para con las mujeres del país. Ofrecieron transmitirlo por el canal de mayor audiencia en México, quizá en el mundo, Las Estrellas (Canal 2). Así, durante toda una semana cancelaron su programación para cedernos, gratuitamente, de lunes a viernes, el canal a las 23:00 horas, lo que es considerado parte del *prime time* en México. Es un gesto que nunca podré olvidar y que haría un parteaguas en la historia de la lucha contra la violencia a las mujeres y en especial contra los feminicidios.

El presidente de la Corte consiguió también que en paralelo se transmitiera la serie en la televisión pública del gobierno mexicano, a través de Canal 22, el canal cultural de México, dirigido en aquel momento por Armando Casas.

Por primera vez en la televisión mexicana, tendríamos una transmisión simultánea de canales públicos y privados para un documental que pretendía enviar un fuerte mensaje social. Nunca esperamos una recepción tan generosa de la televisión mexicana.

El responsable de la estrategia de publicidad de la serie fue el vicepresidente de programación de TelevisaUnivision, José Luis Fabila. Durante cuatro semanas los canales de televisión citados también cedieron tiempo para transmitir los promocionales de la serie, que duraban 20 y 30 segundos, a manera de que la audiencia mexicana la sintonizara.

Llegó el 27 de junio de 2022 y el primer capítulo de la serie se transmitió simultáneamente en tres canales de televisión. La audiencia, desde el día uno, fue impresionante y se mantuvo día con día a lo largo de la semana. De hecho, la docuserie rompió récord de audiencia en ese horario, al ser vista por 27.6 millones de personas. Por la naturaleza tan fuerte de su contenido, había dudas sobre la reacción que habría en los hogares mexicanos, pero fue muy bien recibida.

De igual manera, la recepción de la prensa nacional y extranjera fue positiva. En los días en que se transmitió el serial se generaron 205 notas de prensa en los Estados Unidos, América Latina, España y Portugal.

De hecho, el Instituto de Inteligencia de Mercados realizó un estudio para TelevisaUnivision y, en una encuesta nacional urbana, encontró que 21.7% de los hombres en el país habían oído hablar o visto la serie. Mientras que, de manera impresionante, 78.2% de las mujeres conocían el documental. Ése era nuestro público objetivo y nos sentimos muy afortunados de haber llegado a ellas. Los encuestados también señalaron que la serie fue bien aceptada al "fungir como mensaje de concientización, prevención y alerta sobre problemas sociales".

En el documental siempre se buscó tratar con absoluto respeto a las víctimas y a sus familias, teniendo el máximo cuidado de no revictimizar, no hacer apología de la violencia y no ejercer violencia visual explícita mostrando el material que tenemos.

A pesar de que la serie desmintió las falsedades que la Fiscalía inventó sobre Reyna y del cambio social que generó, sabemos —por Bruno— que la familia de su esposa nunca quiso ver la serie.

La indignación social generó una reacción del Congreso mexicano: la "Ley Reyna"

La investigación y la visibilización del caso de Reyna hizo que actores públicos muy relevantes se involucraran para empezar a resolver los temas de feminicidios en México. Y es que la indignación social que generó este y otros feminicidios narrados en el documental hizo que el Congreso de la Unión tomara cartas en el asunto al hacer avanzar modificaciones a varias leyes —entre ellas el Código Penal Federal, la Ley de Seguridad, la Ley de Víctimas y la Ley de Acceso de las Mujeres a una Vida Libre de Violencia.

Este conjunto de leyes derivó de las fallas que se encontraron en la investigación en el caso del feminicidio de Reyna, pero también de los abusos que se cometieron contra ella, su familia y otras víctimas.

Entre las mejoras propuestas destacan: *i*) la unificación del tipo penal específico que genere todos los supuestos en que podría darse un feminicidio —incluido cuando se le da muerte a una mujer transexual—; *ii*) nuevos protocolos de investigación con perspectiva de género para las fiscalias locales; *iii*) se retoman medidas de prevención de la Ley Modelo Interamericana y se avanza con las alertas de género; *iv*) un registro nacional de delitos de feminicidio, incluso con banco de datos de mujeres desaparecidas; *v*) el realizar campañas de concientización; *vi*) la sanción para aquellos servidores públicos que revictimicen a víctimas; *vii*) la posibilidad de que la defensoría pública del Poder Judicial Federal —de manera gratuita— asista a las familias de cualquier mujer víctima de un feminicidio, y *viii*) mecanismos de reparación integral del daño a las familias que sufren feminicidios, en los que se incluye desde compensaciones hasta indemnizaciones económicas.

Son pues varios avances para prevenir e investigar los delitos de feminicidio con perspectiva de género, para proteger a las víctimas y sancionar de manera más severa a los feminicidas. Pero también a las autoridades negligentes en la persecución de estos delitos.

La ley se aprobó primero en la Cámara de Diputados, gracias al apoyo de quienes eran el coordinador y vicecoordinador de Morena, los legisladores Ignacio Mier y Sergio Gutiérrez Luna, respectivamente; del presidente de la Comisión de Justicia, Felipe Fernando Macías, del PAN; del presidente del PRI, Alejandro Moreno, y en particular, de la diputada y activista del Partido del Trabajo, Lilia Aguilar, quien lamentablemente también vivió de cerca un terrible caso de feminicidio, el de su madre. Algo muy atípico en el México dividido y polarizado en que vivimos, ni un solo partido votó en contra de los cambios antes señalados. Todos los legisladores apoyaron los cambios a leyes propuestos. Algo inusual en el México contemporáneo, pero que todos debemos de celebrar.

Luego, la minuta de los diputados se aprobó en el Senado y, finalmente como parte del proceso de expedición de leyes, el presidente de México, Andrés Manuel López Obrador, la publicó en el *Diario Oficial de la Federación* el 25 de abril de 2023, con lo que se convirtió en ley y entraron en vigor estos cambios legales. A esta ley se le denominó como "Ley Reyna", en honor a la última víctima de Andrés Mendoza Celis.

Conclusión

Galilea Montijo fue quien, por rechazar comer carne, al saber parte de lo que había sucedido en Atizapán, llevó el tema de Andrés Mendoza Celis a mi atención en primera instancia.

A lo largo de la elaboración del documental estuve en contacto con ella y su entonces marido, Fernando, quien fue de una ayuda y guía invaluables.

Después de que la serie se transmitió, en junio de 2022, la producción recibió la llamada de una persona que aseguró tener en su propiedad más videos del Caníbal. Nos dijo que nos los daría y no pidió dinero a cambio. El encuentro para la entrega de dichos materiales se fue posponiendo, incluso llegamos a pensar que no tenía nada, hasta que finalmente los videos le fueron entregados a la producción, a cargo de Francisco Casasús.

Por la tarde me llamó Francisco y me contó que ya tenía los videos y que ya los había visto. Le pregunté qué traían y me dijo que mejor acudiera a su oficina en Lomas de Chapultepec. Se me hizo extraño que no me quisiera decir vía telefónica.

Menos de una hora después, ya estaba en la sala de proyecciones de la productora. En las cintas, Andrés aparecía violentando y mutilando varios cuerpos de mujeres, lo que era algo que esperábamos, pero la sorpresa es que, mientras lo hacía, se escuchaba la voz de Galilea. No es que ella estuviera ahí físicamente, sino que, mientras Andrés hacía sus macabros rituales, sintonizaba el programa de televisión de Galilea Montijo y su voz se oye como sonido de fondo.

No lo podíamos creer: la persona que primeramente llamó mi atención sobre el tema de la muerte de Reyna, sobre los feminicidios cometidos por Andrés y sobre su canibalismo —lo que derivó en una investigación que lo sentenció a cadena perpetua—, era la misma persona con la que ahora se cerraba la historia de este documental: Galilea.

Al día siguiente le pedimos a Galilea venir a la productora, lo que hizo al mediodía, al acabar su programa de televisión. Le enseñamos los videos y tampoco lo

CONCLUSIÓN

podía creer. Se sintió horrorizada. No paraba de llorar. Nos dijo: "Cuando yo hago televisión, me pongo a pensar en quién está del otro lado de la cámara que me graba, pienso en una abuelita, en un ama de casa, en una quinceañera. Eso me ayuda a conectar mejor con ellos, con mi audiencia. Pero nunca me imaginé que del otro lado de la cámara estuviera un asesino serial mientras violaba y mutilaba a mujeres".

Después de todo lo vivido durante la producción de la serie documental, incluidas varias cosas difíciles de explicar, nos quedamos con la impresión de que, en un mundo paralelo, Galilea sí había visto lo que hacía Andrés. Y que ella, inconscientemente, nos acercó el tema y nos llevó a investigar y documentar lo que él hacía, para frenar en definitiva su larga carrera de feminicidios.

Galilea, Fernando, Francisco y yo aún seguimos perplejos de saber que en los horríficos videos de Andrés aparece la voz de ella.

También, sigo perplejo del silencio de los vecinos, quienes, a pesar de observar cosas extrañas, incluso mujeres ensangrentadas pidiendo auxilio, nunca dieron aviso a la policía. En las entrevistas realizadas detectamos que, por ejemplo, la señora de la tienda, vecina de toda la vida de Andrés, sí se dio cuenta de dos momentos de horror, al ver salir a mujeres gritando, ensangrentadas y semidesnudas. Ella declaró a nuestra cámara: "Nunca me imaginé vivir al lado de un cementerio. Sí nos dimos cuenta, [pero] nadie hizo nada, si le echaron la patrulla nadie hizo nada. Hace 20 años vi salir a una mujer ensangrentada. Un día vi que estaba gritando una mujer ahí, por lo que les llamé a mis hermanos y cuñados; un vecino se brincó para que la dejara salir, salió la mujer bañada en sangre".

A pesar de que varios atestiguaron actos de violencia severa, nadie hizo nada. Si una sola persona hubiera denunciado, cuando vieron todo esto 20 años antes de que Andrés fuera descubierto por Bruno, ¿cuántas mujeres seguirían vivas?

Durante meses en la producción culpamos a los vecinos de una negligencia criminal, al no denunciar durante años lo que habían visto. Hasta que conocimos al comandante Bruno y atestiguamos cómo, a pesar de ser policía, la Fiscalía lo había destrozado. En lugar de ayudarle y darle justicia, lo habían revictimizado y atormentado. Si la Fiscalía había quebrado a un hombre entrenado para enfrentar estos temas, ¿qué les hubiera esperado a los humildes vecinos del feminicida al

CONCLUSIÓN

acercarse a la Fiscalía a contar lo que veían que pasaba? Y, peor aún, tenían que denunciar al presidente de su colonia con una red de conexiones políticas. Dejamos la actuación de los vecinos al juicio de los lectores de este libro, quienes tendrán su propio criterio.

Pero el juez que llevó el caso, Víctor M. Mejía, pensó que sí había que investigarlos, como expresó durante el juicio. Y le dio a la Fiscalía 10 días para entregar un reporte sobre ellos. ¡Pero la Fiscalía nunca cumplió con esta orden judicial!

Este libro se escribió en memoria de Reyna y en honor de su familia, que la buscó hasta encontrarla y nunca dejó de exigir justicia para ella.

Se han encontrado, en una sola de las propiedades de Andrés, indicios de más de 50 víctimas. Imposible determinar, luego de 31 años de crímenes, el número real.

La investigación y el impacto que ocasionó la serie logró que el Congreso de México hiciera cambios a varias leyes para combatir la violencia de género. A esta ley se la llamó "Ley Reyna", en honor a Reyna González Amador, la última víctima de Andrés.

A pesar del cambio de leyes, y de que año con año las mujeres se siguen manifestando, los feminicidios en

México continúan. En los datos oficiales los feminicidios no han disminuido. El periódico *El País* reportó, en enero de 2025, que tan sólo en los últimos cuatro años más de 15 mil mujeres habían muerto por violencia en México. Pero, además, el Observatorio Ciudadano Nacional del Feminicidio señala que hay un amplio subregistro de casos —de mujeres desaparecidas—, por lo que las cifras reales pudieran duplicar las oficiales. Y sí, el Estado de México sigue entre las entidades con mayor número de mujeres asesinadas y mujeres desaparecidas.

El revelar en este libro toda la historia, nunca antes contada, de lo que se encontró respecto del caso del mayor asesino serial de México —quizá del mundo— espero sirva para darles mayor visibilidad a los casos de feminicidio.

También, ojalá que esta publicación logre que los ciudadanos tengan la valentía de alzar la voz o denunciar cuando noten conductas extrañas o hechos de violencia, que las autoridades investiguen y no revictimicen a las familias víctimas de feminicidios. Sí, urgen más medidas eficaces para erradicar estos crímenes. Pero está en todos lograrlo, no sólo en las autoridades. Necesitamos que la sociedad toda se vuelque a evitar y a resolver los feminicidios que nos aquejan y nos destruyen como sociedad. Con que la publicación de este libro salve la vida de una mujer, mi propósito se habrá logrado. Aunque ojalá, juntos, logremos más.

Esta obra se terminó de imprimir
en el mes de abril de 2025,
en los talleres de Diversidad Gráfica S.A. de C.V.
Ciudad de México